Carl August Klein

Blätter für die Kunst

Eine Auslese aus den Jahren

Carl August Klein

Blätter für die Kunst
Eine Auslese aus den Jahren

ISBN/EAN: 9783743636514

Hergestellt in Europa, USA, Kanada, Australien, Japan

Cover: Foto ©Thomas Meinert / pixelio.de

Weitere Bücher finden Sie auf **www.hansebooks.com**

GEORG·BONDI
BERLIN·1899

VORWORT

Die Blätter für die Kunst sind seit einer reihe von jahren für eine auserwählte gemeinschaft von künstlern und kunst-anhängern erschienen . schon nach den ersten heften hatten sie sich von dem verdacht gereinigt eine neue schule oder richtung anpreisen zu wollen und zur genüge dargethan dass mitarbeiter und leser durch keinen anderen gedanken verbunden waren als den : auch bei uns gegen das unvornehme geräusch des tages der schönheit und dem geschmack wieder zum siege zu verhelfen . so unterstüzten sie die gleichlaufenden bestrebungen in der bildenden und ausschmükkenden kunst . nach und nach wurde ihnen zu teil auch aufserhalb ihres kreises viele freunde zu erwerben und anregend und umgestaltend zu wirken . Jezt mussten sie sich entschliefsen mit dieser auslese aus sämmtlichen jahrgängen den weg der öffentlichkeit zu beschreiten weil sie durch die zahlreichen bedeutungsvollen besprechungen der lezten zeit ohnehin ihre schranken verlassen und in unsere dichtung und unser schrifttum so fühlbar eingegriffen haben dass das verlangen aller teilnehmenden nach einer zusammengefassten und erreichbaren ausgabe gerecht zu sein schien .

AUS DEM GESAMMT-INHALT DER BLÄTTER FÜR DIE KUNST

ERSTE FOLGE

I. BAND

BLÄTTER FÜR DIE KUNST. STEFAN GEORGE: AUSZÜGE AUS HYMNEN PILGERFAHRTEN ALGABAL. HUGO VON HOFMANNSTHAL: DER TOD DES TIZIAN. PAUL GERARDY: DIE KREUZE. *: LEGENDEN. KARL ROUGE: GEDICHTE. NACHRICHTEN.

II. BAND

*: LEGENDEN. HUGO VON HOFMANNSTHAL: GEDICHTE. CARL AUGUST KLEIN: ÜBER STEFAN GEORGE. GEORG EDWARD: GEDICHTE. ÜBERTRAGUNGEN AUS STÉPHANE MALLARMÉ, PAUL VERLAINE, JEAN MORÉAS, HENRI DE RÉGNIER. NACHRICHTEN.

III. BAND

*: TAGE UND THATEN. *: AUS MANUEL. MAX DAUTHENDEY: AUS ULTRAVIOLETT. CARL AUGUST KLEIN: UNTERHALTUNGEN. ÜBERTRAGUNGEN AUS ALGERNON CHARLES SWINBURNE, GABRIELE D'ANNUNZIO. NACHRICHTEN.

IV. BAND

STEFAN GEORGE: AUS EINEM BUCH SAGEN UND SÄNGE. HUGO VON HOFMANNSTHAL: IDYLLE. CARL AUGUST KLEIN: UNTERHALTUNGEN. CARL ROUGE: GEDICHTE. *: EINE PIETA DES BÖCKLIN. ÜBERTRAGUNGEN AUS FRANCIS VIELÉ-GRIFFIN, STUART MERRILL, ALBERT SAINT-PAUL.

V. BAND

BLÄTTER FÜR DIE KUNST. *: BRIEFE DES KAISERS ALEXIS. *: DICHTERKÖPFE MALLARMÉ. CARL BAUER: GEDICHTE ZU BILDERN. PAUL GÉRARDY: LIEDER. CARL AUGUST KLEIN: UNTERHALTUNGEN. G.R.S.: ROSEN UND DISTELN. ÜBERTRAGUNGEN AUS JENS PETER JACOBSEN.

EINBANDDECKE VON TH. TH. HEINE.

ZWEITE FOLGE

I. BAND

BLÄTTER FÜR DIE KUNST. STEFAN GEORGE: AUS DEN BÜCHERN DER HIRTEN- UND PREISGEDICHTE DER SAGEN UND SÄNGE UND DER HÄNGENDEN GÄRTEN. MAX DAUTHENDEY: AUS STIMMEN DES SCHWEIGENS. LEOPOLD ANDRIAN: AUS DEM BUCHE DER TRAURIGKEIT. GEORG EDWARD: GEDICHTE. LUDWIG KLAGES: AUS EINEM DRAMA DESIDE-

RATA. ÜBERTRAGUNGEN AUS CHARLES BAUDELAIRE ALS BEILAGE (VOR DIE GANZE FOLGE) RADIERUNG VON HERMANN SCHLITTGEN.

II. BAND

BLÄTTER FÜR DIE KUNST. STEFAN GEORGE: EINE SAGE. PAUL GÉRARDY: RITTERLICHE TRÄUME. CARL AUGUST KLEIN: ZWEI GEDICHTE. GEORG FUCHS: VORSPIEL. LUDWIG KLAGES: DICHTUNGEN. KARL WOLFSKEHL: DICHTUNGEN. ALS EINLAGE: EIN GESANGSSTÜCK VON KARL HALLWACHS.

III. BAND

DREI GEDICHTE. *: TAGE UND THATEN. ZU SKIZZEN VON KLINGER. PAUL GÉRARDY: DIE LILIEN. HUGO VON HOFMANNSTHAL: GEDICHTE. LEOPOLD ANDRIAN: AUS DEM BUCHE DER TRAURIGKEIT. KARL WOLFSKEHL: AUS DEN HEROISCHEN ZIERRATEN. AUS DEN WERKEN VON WACLAW LIEDER. NACHRICHTEN. ALS EINLAGE: ZEICHNUNG VON AUGUST DONNAY UND FERNAND KHNOPFF.

IV. BAND

VORREDE ZU DEN BÜCHERN D. U. S. W. STEFAN GEORGE: DER AUSZUG. DAS BILD. VORBEREITUNGEN. HUGO VON HOFMANNSTHAL: LEBEN. PAUL GÉRARDY: DIE JUNGFRAUEN. GEISTIGE KUNST. KARL WOLFSKEHL: DICHTUNGEN. *: ÜBER DICHTUNG. ÜBERTRAGUNGEN AUS DANTE GABRIEL ROSSETTI. NACHRICHTEN. ALS INLAGE: ABDRUCK EINES BILDES VON LEO SAMBERGER.

V. BAND

BLÄTTER FÜR DIE KUNST. *: NACH DER LESE. PAUL GÉRARDY: DIE JUNGFRAUEN. BASILEA. LUDWIG KLAGES: AUS EINER SEELENLEHRE DES KÜNSTLERS RICHARD PERLS: GEDICHTE *: UM-SCHREIBUNGEN AUS MANUEL. NACHBILDUNGEN DES PAUL VERLAINE. NACHRICHTEN. ALS INLAGE: EIN GESANGSSTÜCK VON KURT PETERS.

EINBANDDECKE VON TH. TH. HEINE.

DRITTE FOLGE

I. BAND

BLÄTTER FÜR DIE KUNST. STEFAN GEORGE: AUS DAS JAHR DER SEELE. HUGO VON HOFMANNSTHAL: TERZINEN. PAUL GÉRARDY: DIE RITTER. KARL WOLFSKEHL: DER PRIESTER VOM GEISTE. DICHTUNGEN. RICHARD PERLS: IN VILLA BLANCA. LUDWIG KLAGES: GEDICHTE. OSCAR SCHMITZ: GEDICHTE. ALS INLAGE: ABDRUCK EINES GLASGEMÄLDES VON MELCHIOR LECHTER.

II. BAND

BLÄTTER FÜR DIE KUNST. WACLAW LIEDER: ERINNERUNG AN PAUL VERLAINE. HUGO VON HOFMANNSTHAL: DICHTUNGEN. PAUL GÉRARDY: DIE TÄNZE. ZUM RUHME BÖCKLIN'S. WACLAW LIEDER: DICHTUNGEN. KARL WOLFSKEHL: DICHTUNGEN. *: LOBREDE AUF JEAN PAUL. OSCAR SCHMITZ: DICHTUNGEN.

III. BAND

WACLAW LIEDER: AUSGEWÄHLTE DICHTUNGEN. KARL WOLFSKEHL: GEDICHTE. RICHARD PERLS: BLUMEN VOM TODE. EMIL RUDOLF WEISS: GEDICHTE. ÜBERTRAGUNGEN AUS WILLEM KLOOS, ALBERT VERWEY, HERMAN GORTER. ALS INLAGE: EIN TONSTÜCK VON CLEMENS FRANCKENSTEIN.

IV. BAND

BLÄTTER FÜR DIE KUNST. STEFAN GEORGE: AUS DAS JAHR DER SEELE. HUGO VON HOFMANNSTHAL: DICHTUNGEN. PAUL GÉRARDY: EINE WIDMUNG. KARL WOLFSKEHL: DICHTUNGEN. OSCAR SCHMITZ: ZWEI GEDICHTE. *: NACHBILDUNGEN AUS SWINBURNE, J. RUSKIN. ALS INLAGE: EINE ZEICHNUNG VON PAUL HERMANN.

V. BAND

BLÄTTER FÜR DIE KUNST. WACLAW LIEDER. AUSGEWÄHLTE DICHTUNGEN. KARL WOLFSKEHL: ÜBER DIE DUNKELHEIT. PAUL GÉRARDY: DIE FREUDEN. MELCHIOR LECHTER: SIEBEN NÄCHTE. RICHARD PERLS: BLUMEN VOM TODE. LUDWIG KLAGES: GEDICHT. *: EINE ERINNERUNG DES SOPHOKLES. ALS INLAGE: EIN TONSTÜCK VON KARL HALLWACHS.

EINBANDDECKE VON TH. TH. HEINE.

VIERTE FOLGE

I—II. BAND

BLÄTTER FÜR DIE KUNST. STEFAN GEORGE: SEIT DER ANKUNFT. HUGO VON HOFMANNSTHAL: GEDICHTE. BILDLICHER AUSDRUCK. PAUL GÉRARDY: HEIMKEHR UND FAHRT. KARL WOLFSKEHL: GEDICHTE. DER KÜNSTLER DER HEILAND. LEOPOLD ANDRIAN: SONNETT. LUDWIG KLAGES: GEDICHTE. VOM SCHAFFENDEN. KARL GUSTAV VOLLMÖLLER: GEDICHTE. AUGUST ÖHLER: DIE FESTE DER EPHEBEN. OSCAR SCHMITZ: SONNETTE. ERNST HARDT: GEDICHTE. ALS INLAGE: ENTWURF ZU EINEM WANDTEPPICH VON MELCHIOR LECHTER.

EINLEITUNGEN UND MERKSPRÜCHE

Der name dieser veröffentlichung sagt schon zum teil was sie soll: der kunst besonders der dichtung und dem schrifttum dienen, alles staatliche und gesellschaftliche ausscheidend.

Sie will die GEISTIGE KUNST auf grund der neuen fühlweise und mache — eine kunst für die kunst — und steht deshalb im gegensatz zu jener verbrauchten und minderwertigen schule die einer falschen auffassung der wirklichkeit entsprang. sie kann sich auch nicht beschäftigen mit weltverbesserungen und allbeglückungsträumen in denen man gegenwärtig bei uns den keim zu allem neuen sieht, die ja sehr schön sein mögen aber in ein andres gebiet gehören als das der dichtung.

Wir halten es für einen vorteil dass wir nicht mit lehrsätzen beginnen sondern mit werken die unser wollen behellen und an denen man später die regeln ableite.

Zwar werden wir auch belehrend und urteilend die neuen strömungen der literatur im in- und ausland einführen, uns dabei aber so sehr wie möglich aller schlagworte begeben*

---

* Symbolismus Dekadentismus Okkultismus u. s. w.

die auch bei uns schon auftauchten und dazu angethan sind die köpfe zu verwirren.

Es sei hervorgehoben dass wir jeder fehde abgeneigt sind: wenn wir diese blätter verbreiten so geschieht es um zerstreute noch unbekannte ähnlichgesinnte zu entdecken und anzuwerben.

Welche gestalt das unternehmen (ob einfacher ob vergrössert) gewinnt wird unsern lesern mitgeteilt.

Enthalte man sich auch allen streites und spottes über das leben wobei — wie Goethe meint — nicht viel herauskommt.

In der kunst glauben wir an eine glänzende wiedergeburt.

Vor dem sommerlichen verlassen der stadt nehmen wir von unsern lesern urlaub und danken ihnen für die häufigen zeichen ernster teilnahme und eines geneigten ergänzens unsrer bestrebungen.

Wiewol die bis jezt erschienenen beiträge der zahl nach gering, auch das andeutende oft dem feststehenden vorgezogen wurde so glauben wir doch bereits hinlänglich gezeigt zu haben auf welche bahnen wir dichtung und rede leiten möchten.

Wir schmeicheln uns sogar eine lücke auszufüllen, da gegenwärtig es bei uns kaum ein blatt giebt wo eine dichterische kunst-schöpfung aufnahme fände geschweige denn eines wo ein künstler ihre aufnahme wünschte.

Hat man auch von freundes seite das zu starke vorwalten der reim-werke in unsern heften gerügt so erinnern wir an „die oft vergessene thatsache dass es keine bessere erziehung für höhere prosa giebt als die strenge beschäftigung mit dem vers."

Wir werden auch fernerhin regeln und schulnamen sein lassen, uns verschliefsen gegen das flache und alte sowol als gegen das derbe und niedre des zeitgenössischen schreibewesens aber aller jugend offen stehen die nach dem schönen und neuen sucht.

II 2

Nicht blofs in zeiten des übergangs sind die schwankenden bohrenden andeutenden sätze den schulmäfsig feststehenden vorzuziehen: sie sind die sibyllinischen zeichen aus denen die jugend ihre tiefste anregung empfängt.

Niedergang (dekadenz) in verschiedener hinsicht ist eine erscheinung die man unklugerweise zum einzigen ausfluss unsrer zeit machen wollte — die gewiss auch einmal in den rechten händen künstlerische behandlung zulässt sonst aber ins gebiet der heilkunde gehört.

Jede niedergangs-erscheinung zeugt auch wieder von höherem leben.

Das Sinnbild (symbol) ist so alt wie sprache und dichtung selbst. es giebt sinnbild der einzelnen worte der einzelnen teile und des gesamt-inhalts einer kunst-schöpfung. das lezte nennt man auch die tiefere meinung die jedem bedeutenden werk innewohnt.

Sinnbildliches sehen ist die natürliche folge geistiger reife und tiefe.

Zwischen älterer und heutiger kunst giebt es allerdings einige unterschiede:

Wir wollen keine erfindung von geschichten sondern wiedergabe von stimmungen keine betrachtung sondern darstellung keine unterhaltung sondern eindruck.

Die älteren dichter schufen der mehrzahl nach ihre werke oder wollten sie wenigstens angesehen haben als stütze einer meinung: einer weltanschauung — wir sehen in jedem ereignis jedem zeitalter nur ein mittel künstlerischer erregung. auch die freisten der freien konnten ohne den sittlichen deckmantel nicht auskommen (man denke an die begriffe von schuld u. s. w.) der uns ganz wertlos geworden ist.

Drittens die kürze — rein ellenmäfsig — die kürze.

Das Gedicht ist der höchste der endgültige ausdruck eines geschehens: nicht wiedergabe eines gedankens sondern einer stimmung. was in der malerei wirkt ist verteilung linie und farbe, in der dichtung: auswahl mafs und klang.

Viele die über ein zweck - gemälde oder ein zweck - tonstück lächeln würden glauben trotz ihres leugnens doch an die zweck - dichtung. auf der einen seite haben sie erkannt dass das stoffliche bedeutungslos ist, auf der andern suchen sie es beständig und fremd ist ihnen eine dichtung zu geniessen.

Erzählung. Man verwechselt heute kunst (literatur) mit berichterstatterei (reportage) zu welch lezter gattung die meisten unsrer erzählungen (sogen. romane) gehören. ein gewisser zeitgeschichtlicher wert bleibt ihnen immerhin obgleich er nicht dem der tagesblätter richtverhandlungen behördlichen zählungen u. ä. gleichkommt.

Eine neubelebung der Bühne ist nur durch ein völliges in - hintergrund - treten des schauspielers denkbar.

Warum gerade die bühnen - dichtung die höchste sein soll?

Kunstwert besizt die arbeit die menschen oder dingen irgend eine neue unbekannte seite abzugewinnen und als möglich darzustellen weifs.

Unsre Kunstrichter (kritiker) bedeuten deshalb so wenig weil sie meist verkümmerte künstler sind die andrer werke bereden und tadeln in der ohnmacht eigne hervorzubringen.

Wenn wir alle Fremdwörter auch die eingewurzelten — alle schlagworte gehören hierzu — wegliefsen so bliebe vieles leere ungesagt. wenn ein satz der eines solchen wortes nicht entbehren kann fortfällt so wird weder sprache noch gesellschaft dadurch einen verlust erfahren.

Reim ist ein teuer erkauftes spiel. hat ein künstler einmal zwei worte miteinander gereimt so ist eigentlich das spiel für ihn verbraucht und er soll es nie oder selten wiederholen.

Wir bemerken nun schon seit jahren: in keinem nebenstaate — auch den stammverwandten nieder - und nordländischen nicht — dürfen der gleichen leserstufe solche erzeugnisse als dichtungen dargeboten werden wie bei uns. daraus ergiebt sich für die nächstfolgende zeit die verschiedenheit unsrer kunstaufgabe von der unsrer nachbarn.

III 1

Müssten wir beim beginn unseres fünften jahres nachdem werke von reicher mannigfaltigkeit für uns 'gesprochen haben noch einmal mit dem bescheid vortreten welche kunst denn in diesen blättern dargestellt sei, wenn nicht einige der besseren schriftkundigen sich immer wieder gemüfsigt sähen uns etwas wie eine scheu vor dem wirklichen und eine flucht in schönere vorzeiten als losung unterzuschieben! zu dieser oberflächlichen bemerkung wurden sie wol dadurch verleitet dass manche unserer künstler sich gelegentlich aus einer ferne und einer vergangenheit die sinnbilder zur wiedergabe ihrer stimmung holten.

Wie nun gar häufig, vornehmlich in eben erscheinenden erzeugnissen, das schildern von gegenwart und wirklichkeit diesen gerade so wenig entspricht als losestes träumen, so rückt andrerseits jede zeit oder jeder geist indem er ferne und vergangenheit nach eigner: nach seiner weise gestaltet ins reich des nahen persönlichen und heutigen. wesentlich ist die künstlerische umformung eines lebens — welches lebens? ist vorerst belanglos.

Wenn nun solche die sich berufen glauben eine reinere sowol wiedererweckte als neugeborene kunstauffassung zu geltung zu bringen sich mit einer halbschlächtigen sachführung begnügen, beständig vom zipfel statt vom gewande d. h. vom allernichtigsten nie aber vom allerwichtigsten handeln und unbestrittene errungenschaften mit ohnmächtigen bemühungen in einem atem nennen, können sie der ganzen entwickelung unserer dichtung und unseres schreibtumes zum hemmnis werden. wie sehr diese beiden aber der pflege und entfaltung bedürfen das weiſs jeder der ihren heutigen zustand der welkheit mit ihrer eignen ehemaligen oder mit der fremden augenblicklichen blüte vergleicht.

Einfach liegt was wir teils erstrebten teils verewigten: eine kunst frei von jedem dienst: über dem leben nachdem sie das leben durchdrungen hat: die nach dem Zarathustraweisen zur höchsten aufgabe des lebens werden kann: die nach dem unsterblichen Meister des Titan sogar im gewaltigen und schrecklichen «nicht umwölken und verdunkeln sondern erheitern und erhellen» soll: eine kunst aus der anschauungsfreude aus rausch und klang und sonne.

III 2

Mit ernst und heiligkeit der kunst nahen: das war dem ganzen uns vorausgehenden dichtergeschlecht unbekannt. keiner der ‚Epigonen‘ — so wenig der hochgeborene Schack wie der bescheidene bürgerliche reimer — ist frei von der abstofsenden behäbigen bravheit und diesem rest von barbarentum den von Goethe bis Nietzsche alle grofsen Deutschen getadelt haben.

Läge der grund weshalb im kaiserlichen Deutschland das schrifttum auf so niedrer stufe steht darin dass jeder mit irgend welchen fähigkeiten geborene sich einer staatlichen laufbahn zuwendet und das schrifttum fast einzig der geistigen hefe überlässt oder darin dass der schwerpunkt deutschen strebens nach gebieten verlegt wurde wo die kunst nie gedieh und in absehbarer zeit nicht gedeihen kann?

Die thatsache dass es bei uns kein künstlerisches und dichterisches ereignis geben kann beweist dass wir uns in einem bildungsstaat zweiter ordnung befinden.

Unser ganzes schrifttum von gestern ist sittlich (sogar das behördlich verbotene) bürgerlich-pöbelhaft und unterhaltend-belehrend. wir können nur eines fassen das schön vornehm beeindruckend ist.*)

Heute einseitig auf den volkston hinzuweisen wäre gerade so verkehrt als auf griechentum mittelalter u. ä. — denn er liegt uns in gleicher weise fern.

---

*) im deutschen würde man dafür die worte moralisch plebejisch-bourgeois belletristisch-didaktisch u. s. w. einsetzen.

Vom nordischen geist bleibt dem deutschen nicht viel zu lernen was er nicht schon besizt ohne die verzerrungen. vom romanischen jedoch die klarheit weite sonnigkeit.

Der „naturalismus" hat nur verhässlicht wo man früher verschönte aber strenggenommen nie die wirklichkeit wiedergegeben. dem Franzosen ist er das absichtliche zusammentragen von in wahrheit nie sich folgenden begebnissen, dem Norweger ist er das ausschweifendste spiel mit möglichkeiten. dem Russen der beständige alpdruck.

Wir sind bereit manche heilsamen einflüsse des „naturalismus" anzuerkennen vergessen aber einen unberechenbaren schaden nicht: dass er uns daran gewöhnt hat gewisse begleitende bewegungen einer handlung zur vollständigkeit zu fordern, die aber wenn sie vom dichter berücksichtigt werden jedes werk grofsen zuges unmöglich machen.

Praerafaeliten und ähnliche: das gewollte hervortretenlassen gewisser wesentlicher eigentümlichkeiten für beschauer die das genaue sehen verlernt und für die man schon sehr stark auftragen muss um bemerkt zu werden.

Um einen gedanken auszudrücken, eine geschichte zu erklären: den thatsächlichen worten takte und reime einzupressen ist ein mittelmässiges handwerk. wäre das spiel mit takten und reimen überhaupt eines vernünftigen wesens würdig wenn diese sich nicht unwiderstehlich als sangesweise aufdrängten? oft dienen worte gedanken ja bilder nur zur körperlichen darstellung der sangesweise.

Jungen dichtern: ihr thut euch unrecht eure werke zu früh zu veröffentlichen. denn ganz bald werdet ihr bereuen dass ihr eure liebsten gedanken wie ihr sie vielleicht nie grofser fassen werdet in einer ungenügenden form bereits verraten habt.

Einigen dichtern an dieser stelle: wir loben euch dass ihr uns wenig von euren schönen ansichten und viel von euren schönen liedern gegeben habt. denn eure schönen ansichten werden sich ändern eure schönen lieder aber werden bleiben.

Vielen sogenannten ›jüngsten‹: was ihr am wenigsten geben wolltet was ihr am sorgfältigsten zu zerdrücken suchtet: das ist noch das einzige was uns an euch gefallen kann: der duft eurer jugend und eurer einfalt.

Bevor in einem land eine grofse kunst zum blühen kommt muss durch mehrere geschlechter hindurch der geschmack gepflegt worden sein.

Das verwerfen jeder übereinkunft in gesellschaft und kunst ist entweder sehr jung oder sehr gemein. leute von niederer abstammung haben keine überlieferung.

Man hat uns vorgehalten unsere ganze kunstbewegung der „Blätter" sei zu südlich zu wenig deutsch. nun ist aber fast die hervorragendste und natürlichste aller deutschen stammeseigenheiten: in dem süden die vervollständigung zu suchen, in dem süden von dem unsere vorfahren besitz ergriffen, zu dem unsre kaiser niederstiegen um die wesentliche weihe zu empfangen. zu dem wir dichter pilgern um zu der tiefe das licht zu finden: ewige regel im Heiligen Römischen Reich Deutscher Nation.

III 4

Die ursachen die unser volk und heutiges geschlecht zur aufnahme von Kunst so besonders unfähig machen haben wir erwogen und schon manche davon an dieser stelle gestreift. doch werden wir nicht erschrecken vor prophezeiungen vom völligen dahinschwinden der dichtung und der kunst. versuchte man auch die notwendigkeit ihres untergangs mit gewichtigen

und verführenden gründen darzuthun. Solche meinung — möge
sie nun von denen herrühren die nie des schaffens kraft besessen
oder von denen die sie eingebüfst haben — würde sogar wenn
einer der unsrigen später sie zu teilen sich unterfinge nur
geringe bedeutung haben. denn die werdende jugend wird
darüber lächeln und den vom alter tot zurückgelassenen formen
in unerwarteter weise neues und glühendes leben einhauchen.

Unsren grofsen vorfahren in der kunst war es gegeben auf
jungfräulichen und unerschöpften welten ein gebäude — ein
ganzes — aufzuführen. daher ihre heute so unnahbare uns so
oft entgegengehaltene grösse. ihnen beizukommen ist uns nur
möglich durch innigere empfindung liebevolleres anschauen zusammengefasstere ausführung. was sie aus ungehauenen wäldern
unausgebeuteten feldern entnahmen, müssen wir aus den tiefen
zu gewinnen suchen.

Die einen zu uns: eure haltung ist uns denn doch zu kalt
und ruhig und zu wenig der jugend angemessen. wir zu ihnen:
Seid ihr noch nicht vom gedanken überfallen worden dass in
diesen glatten und zarten seiten vielleicht mehr aufruhr enthalten
ist als in all euren donnernden und zerstörenden kampfreden?

Wir nehmen es gern auf uns noch manchmal mit dem
äufseren als dem nietrügenden spiegel des innern zu unterhalten. seht ihr also noch immer nicht, dass eure deutschen
buch- und zeitschriftausgaben die schönheitswidrigsten sind sowol der rohe flitter- und emporkömmlingsprunk der einen als
die platte und nüchterne alltäglichkeit der andern?

Man wollte uns beweisen dass wir durch verbannen der
gewöhnlichen beliebteren schriftart die bequemlichkeit der
einen davon abhalten sich unsren werken zu nähern und bei
anderen als gegnern des absonderlichen anstofsen. an den
ersten glauben wir kaum viel zu verlieren, den zweiten sagen

wir dass nicht wir zu dieser neuerung den anschlag gegeben haben und dass uns ein wort eines altvordern zu sehr im gedächtnis ist: den Deutschen werde eher der geschmack nicht kommen bis sie sich diese geschmacklose sogenannte deutsche schrift abgewöhnt hätten.

Beruf der halb-fähigen. das schicksal lässt es häufig zu dass halbfähige die neuen und grofsen gedanken in der weise verallgemeinern dass sie das fremde neue mit bekanntem altem vermischen und nach und nach in immer stärkeren gaben der menge einträpfeln. diese geniefst dann vorerst in verdünntem zustand den wein der rein für sie zu schwer war.

Wie erfinderisch die mittelmässigkeit wird wenn es gilt sich zu verhüllen! — Hält man uns nun die dichtung von bauern und bäuerinnen entgegen die alle kunst in schatten stelle, wahreres und endgültigeres es doch nichts gebe! mit demselben recht könnte man aller weltweisheit die kernsprüche des volkes entgegenhalten als schon alle menschliche erkenntnis in sich bergend. aber ganz abgesehen davon dass diese scheinbar so einfachen werke oft mit der äufsersten mühsamkeit und künstlichkeit zu stande gebracht werden, und dass gerade die ungeschicklichkeit (über die sich jeder leser im geheimen erhaben glaubt) es ist welche die wirkung hervorbringt — so handelt es sich doch nicht blos darum gold und edelstein aufzufinden sondern auch darum sie von rohen beimischungen und schlacken zu befreien und durch schleifen oder schmelzen ihnen den rechten glanz zu verleihen.

III 5

Jnsofern dürfte dieses unternehmen bald aus seinen schranken heraustreten als man mit uns zu bemerken und zu bedauern beginnt dass hinter allen gebildeten ländern das unsrige in <u>stil</u>

und geschmack seit jahren zurückgeblieben ist: als in weiteren denkenden kreisen empfunden wird dass durch die ausschliefsliche erziehung eines geschlechtes zu wechselseitigem hartem kampfe ein wichtiges etwas verloren ging — ja schon auf einigen ragenden gipfeln ein dunkles gefühl dämmert es möchte das gröfste und edelste einer rasse sein was da einer allmählichen verflachung und vertrocknung entgegenläuft.

Wir suchten die umkehr in der kunst einzuleiten und überlassen es andren zu entwickeln wie sie auf's leben fortgesezt werden müsse.

Wir wollen hier noch einige von der thorheit verschobene punkte richtig setzen und uns gegen einige anschuldigungen verwahren die schein und missverständnis auf uns luden. wenn wir unserem volke mit der erlahmung des weiten und freien gedankens*) seine kunstlosigkeit und seine durch fremde einflüsse in bösen zeiten angenommenen schönheit-tötenden unsitten (die durchaus nicht in das tagende jahrhundert fortgeschleppt zu werden brauchen) manchmal nachdrücklich entgegenhielten so haben wir alle unsere grofsen förderer von Goethe bis Nietzsche mit ihren oft furchtbaren worten zu verteidigern und — wie sie — thaten wir es nicht etwa aus einer missachtung unseres volkes sondern aus hoher liebe zu ihm und seiner angestammten guten art.

Auch den anschein möchten wir nicht erwecken als ob wir die uns in der kunst vorausgehende gruppe von dichtern mit geringschätzung betrachtet hätten. dass sie uns nicht ver-

---

*) Anzubiegen ist hier dass man gerade in dem lager weite und freiheit am meisten vermisst wo sie ausschliefslich als fahnenschmuck prangen sollen und wo alles was über höhere werte laut wird nicht nur gemeinplätzlich klingt sondern auch engherzig und über alle mafsen bürgerlich.

stehen ist ein zeitlicher fehler der sie nicht schändet so wenig wie den weisen von gestern dies: dass ihm was heut eines schülers eigentum ist nicht zu ergründen gelang. wir lobten in ihnen (soweit sie nicht in spielerei und greisentum versanken) die treuen wahrer einer gewissen überlieferung die mit der hinterlassenschaft der ahnen ihre häuslichkeit verschönten doch können wir ihnen nicht anrechnen was wir nie in ihnen fanden: einen einzigen für unsere kunst fortwirkenden lebenbringenden hauch.

Diesen können wir den unmittelbar um uns sich regenden — sie trugen schon alle namen — noch weit weniger nachrühmen. erfüllt von ganz ausserkünstlerischen bestrebungen sind sie in ihren schriften gewöhnlich und in ihren spärlichen anschauungen über kunst veraltet und ungebildet. ihre gründungen die seit kurzem allerdings mit nachahmender treue auch etwas andres bieten wollen als gesellschaftliche rednerei. zuweilen mit einem sehr äusserlichen schein der neuheit bedeckt sind und sich vorderhand nur durch schlechten geschmack auszeichnen, suchen ihr gedeihen durch ein herabsteigen zur menge und kommen für die weiterentwicklung unseres schrifttumes nicht inbetracht. doch auch diesen männern gegenüber liegt alle unachtung weit von uns. beklagen können wir nur das nutzlose verschwenden so vieler kräfte die in anderer thätigkeit als der dichtenden und schreibenden rühmliches zu leisten gewiss nicht verfehlt hätten.

Was an unseren blättern das wertvollste scheinen wird möge dies sein: dass sie von IHR allein angeregt an die grosse und ewige kunst wieder anbauen wollten und deren grundfeste die ernste dichtung stüzten, so thuend was seit jahrzehnten keinem mehr thuens würdig war. sie holten die werke derjenigen dichter aus dem dunkel hervor aus denen der neue frische geist in besonderer und bedeutsamer weise wiederschien. ihnen ward das seltene glück zu teil mitten in winter und wüste reiche duftende blumen zu finden. sie zeigten in den verschiedensten formen eine neue Schönheit.

Was die minder starken beiträge betrifft so wurden sie zur bildung des nötigen hintergrundes zugelassen, stets aber nur dann wenn wir darin ein erkennen der vorläufig einzig richtigen bahnen gewahrten oder ein gutes versprechen für die zukunft. sie anzustreichen ist leicht wie es denn leichter ist die kleinen vorsprünge und lücken zn bemängeln als deren bauliche notwendigkeit und dienlichkeit am ganzen denkmal zu begründen.

Mit grofser vorsicht haben wir die ausländischen hervorragenden meister eingeführt, die hochverehrten helfer und ergänzer damals als unsere einheimischen erzeugnisse an zahl wol noch gering waren. vor nichts aber hüteten wir uns mehr als vor einem sinnlosen blofsen herübernehmen und brachten nur das was durch die art der übertragung eigenster besitz geworden für unsere sprache unser schrifttum und unser Werk im einzelnen natürlich und zuträglich war.

Kleine äufserliche seltsamkeiten die anfänglich fragen hervorriefen hat der einsichtige längst gebilligt wenn er sie auch nur auffasste als bollwerk gegen den ansturm wilder horden deren sich noch männiglich erinnert und deren laute zügellosigkeit den erbarmenswertesten teil unserer schrifttum-geschichte füllen wird.

Dass unser anhang nur langsam wuchs war uns so sehr freude dass wir ein schnelleres zunehmen sogar für bedenklich gehalten hätten. auch dürfen wir es uns fast als gewinn anrechnen dass wir von zwei berufsscharen noch wenig beobachtet worden sind: gewissen gelehrten die wol nach äufserlichen merkzeichen in klassen sondern können aber zu eng sind um nach der bildungsstufe die sie voraussezt eine erscheinung zu bewerten — und den gewöhnlichen beschreibern und mittelpersonen geistiger schöpfungen, den verlegenen tastern in dem ihnen dunklen und unbekannten land der kunst.

Ohne besonderen belang erscheint es uns dass gewisse arten der erzählung und der für die schaubühne gedachten dichtwerke nur wenig raum inne haben, für uns mehr zufällige arten der gruppierung aus vorliebe oder zweck. das vornehmste ist der neue sich deutlich äufsernde geist aus dem wie unsre sänge und reden so auch unsre schaustücke flossen und fliefsen werden.

Wir sind des stolzen glaubens dass wir für diese jahre nicht nur das höchste gesammelt haben was in einem bestimmten fache menschlichen könnens eine ganze stämme-vereinigung hervorzubringen fähig war sondern wir hoffen auch den werdenden und kommenden die pfade geebnet zu haben auf denen sie weiterschreiten können zur entdeckung neuer immer reinerer kunsthimmel.

IV 1

Dies sei uns noch immer anfang und ende: von der Kunst zu reden: den künsten in ihren beziehungen und ihrem zusammenwirken eine die andre anregend und vor erstarrung bewahrend. nie wäre bei uns schrifttum und dichtung von heute in so traurige verödung geraten wenn ihre vertreter zu den gleichlebenden meistern der bildenden- und tonkunst den blick erhoben hätten.

Andrerseits hat es sich an diesen gerächt dass sie keine ebenbürtigen werke des schrifttums um sich sahen. so blieb auch unseren besten meistern manchmal der weg zum höchsten verlegt und sie mussten mitten unter werken ersten ranges immer wieder in jene bestürzende tüdeske plumpheit verfallen.

Auch alles frühere schöne in einem zweige der kunst ist für ein volk für einen zeitabschnitt gleichsam gebunden wenn nicht in diesem zweig ein grofser schönheit-finder ersteht der mit dem was er fürs heute entdeckt auch alles frühere schöne erlöst. das belegt uns sogar der all-umfassende Goethe der für malerei nur ein geringes verständnis haben konnte. so sind wir sehend geworden durch männer wie unser Böcklin.

Unsere unduldsamkeit gegenüber dem was in schrifttum und dichtung neben uns herläuft leitet sich daraus ab dass diese andren zielen zustrebenden erzeugnisse beständig mit kunst verwechselt werden und so jedes verständnis für die kunst abstumpfen. alle kunst hört auf wenn sie um dem ausspruch eines berühmten tondichters zu folgen „real-programmatisch-tendenziös" wird. ein ganzes geschlecht ist noch nicht willens diesen bequemen standpunkt zu verlassen.

Auch denen die jezt zur allgemeinen umkehr mahnen ist durch die lange gewohnheit so das gefühl erstarrt und der blick getrübt dass ehe sie sich wieder mit kunst beschäftigen man ihnen raten muss sieben jahre hindurch über nichts nachzudenken als über das: warum ein gedicht schöner sei als eine gleiches sagende rede ein gemälde schöner als das genauere farbige lichtbild ein bildwerk schöner als die treuere wachsform.

So werden jezt eigentümliche übergangsarbeiten hervorgezogen: mit eifrigem bemühen sich äufserlich als neue einzuführen und noch ganz im alten barbarischen geist befangen. die gefühle verworren die anschauungen verwischt die stile vermengt — mit hier und dort einem dämmern des neuen geistes in entwürfen ansätzen und flecken: vielfarbige stücke stürze und splitter.

Einigen die mit zu raschen schritten die schwenkung mitmachen wollen: ihr dürft anmut (grazie) nicht an fremden kunstwerken absehen wollen. denn es wird nie gelingen. lernet zuerst anmut (grazie) der eigenen haltung und bewegung. es ist bedeutsam dass ihr merket wie sehr sie euch fehle doch ist es langwierig den reigen zu erlernen mit nicht mehr jungen gliedmafsen.

Es ist ein irrtum dass nur grosse geister ein unternehmen mit grofsem gedanken zu fördern vermöchten. von aller wichtigkeit ist es die kleineren zu erziehen und hinzuleiten auf dass sie die luft bilden in denen der grofse gedanken atmen kann.

Wir wissen wol dass der schönste kreis die grofsen geister nicht hervorrufen kann. aber auch dies dass manche ihrer werke nur aus einem kreis heraus möglich werden.

Bedeutender trost für die kleineren: wenn ihr das höhere leben eurer führer begriffen habt so seid ihr nicht nur dazu nötig das feld frisch und locker zu erhalten sondern ihr sammelt gar oft blumen und früchte die — wenn ihr es selber nicht vermögt — ein gröfserer später in seinen kranz flicht.

Ein weiterer ring der gesellschaft ist für kunst noch nicht zu gewinnen solange man nicht zu scheiden vermag zwischen der wesentlichen wirkung des kunstwerkes und der gemeinen stofflichen anregung durch das erzählte (anekdotische). kunstverständnis ist nur da zu finden wo ein kunstwerk als gebilde (rytmisch) ergreift und ergriffen wird.

Des grofsen kunstwerks beide geistige wirkungen sind folgende:

    das begeisternde feuer: oft ohne verständnis
                                augenblicklich
                                nie wiederkehrend
    das klare geniefsen: durch eindringen
                                nach und nach
                                immer wieder zu empfinden.

Einige hatten durch jahre an uns auszusetzen: das stete fehlen der äufsersten schärfe — das häufige andeuten — das spröde nicht-ganz-erkennen-lassen. wir aber entdecken heute darin begrüfsend das gewisse herbe mit dem zeitalter der wiedergeburt sich allemal eingeleitet haben.

Eine ganze niedergehende welt war bei allen ihren einrichtungen aufs ängstlichste bedacht den armen im geiste gerecht zu werden: möchte eine aufgehende sich vornehmen der reichen im geiste zu gedenken.

Dass ein strahl von Hellas auf uns fiel: dass unsre jugend jezt das leben nicht mehr niedrig sondern glühend anzusehen beginnt: dass sie im leiblichen und geistigen nach schönen mafsen sucht: dass sie von der schwärmerei für seichte allgemeine bildung und beglückung sich ebenso gelöst hat als von verjährter lanzknechtischer barbarei: dass sie die steife gradheit sowie das geduckte lastentragende der umlebenden als hässlich vermeidet und freien hauptes schön durch das leben schreiten will: dass sie schliefslich auch ihr volkstum grofs und nicht im beschränkten sinne eines stammes auffasst: darin finde man den umschwung des deutschen wesens bei der jahrhundertwende.

STEFAN GEORGE

aus LEGENDEN

ERKENNTNIS

Es quellen die bäume in sommerahnung.
Im wogengehöhlten bette rinnen
Nur schmale güsse auf schlängelndem pfade
Hier stürzen im lauf sie von felsen sich nieder
Dort einen sie sich in strudelndem bad.
Am ufer jugendliche glieder sich dehnen,
Jungfräuliche blumen danach schmachten
Von ihnen geknickt und getötet zu werden.
Das haupt des efeben berührt den boden
Nur leise stüzt es sein ruhender arm
Sein auge folgt müde dem kieselstein
Den reiner beständiger fluten spiel
In leuchtenden alabaster schleift.
Das luftmeer über der dämmerzone
Wo tod und keimbegierde ringen
Zu ruh und trägem schlummer stimmt.

Mann des glückes! bereits verzweifelnd
Fandest du in dem weltengetöse

Die Erträumte die Göttliche .
Niederem kreis entrissest du sie .
Willig in diese einsamkeit
Die von wonnen übergossen
Und durch fehldinge heilig ist
Zog sie mit dir vereinigt aus
Ohne orakel und fluchesgeleit .
In deiner hütte wo dich kein wesen
Lästigen ansinnen überliefert
Kein profanes auge dich reizt
Hast du sie ganz von dir nur geschaut
Dir nur blüht sie und lächelt sie zu .

    O herber schmerz! grausame enttäuschung!
    Im paradies das zu pflanzen ich glaubte
    Erwächst mir unkraut und dornengestrüpp .
    Warum von allem anbeginn schon
    Wo lusterwartung das sinnen ersticken
    Und grübelnde blicke blenden sollte
    Ist mir das widrige denkbild erschienen
    Das niemals mir zu verwischen gelang?
    Wie kann ich frieden und lust mich ergeben
    Wenn unwissend noch zu erfahren ich dürste
    Ob sie als reine priesterin kam?
    Denn unerbittlich mit göttinneneifer
    Verwerf ich sie wenn vor anderem altar
    Sie opfernd je auf den knieen schon lag .

Leise kommt sie den weg erratend
Gierig nach seiner nähe zauber
Ungesehen von ihm sich vermeinend
Der sie gar wol sah und nicht benötet

Gleichgiltig gebahren zu heucheln.
Unschuldig kniet sie zur seite ihm nieder
Streift seine haare in flüchtigem kuss.
Er emporfahrend: rief ich dich, weib?
Nahe dich nur wenn ich deiner bedarf.
Sie erhebt sich — ohne erwidrung —
Denn wozu? wenn der lange blick
Von verzweiflung vorwurf und scham
Ihn nicht rührt, sie geht hinweg
Schmerzhafte mutter aus freudennot.

 Indessen ich in qualen mich winde
Will leichter mühe sie mich erobern
Sie stellt sich ob meines zornes betrübt
Vielleicht auch ist sie's weil ihre bethörung
An mir nicht so leicht wie an andern gelingt.
Ja grade die zärtlich schmeichelnden weisen
Die ihre schwüre bekräftigen sollen
Mit ihrer feinheit und kunst mir verraten:
Sie wurde durch die probe erfahren
Nur gaukelspiel ist ihre kindlichkeit.

Und immer noch säum ich · ein augenblick
Vermöchte mich zu versichern · weshalb nicht
Erfass ich den schleier mit forschendem finger?
Ich fühle dass ach! noch ein leztes geflacker
Von sterbender hoffnung mir bleibt.
Ich fürchte den grofsen tag zu beschwören
Der meinen urteilspruch mir bringt.
Ich könnte wol sagen: unheilvolle
Jezt bin ich gewiss dass du mich belogst
Verachtung dir und verstofsung!

            Doch könnte ich sagen: ich quälte dich
            Beargwöhnte dich die du wahr gewesen
            Ich brüter von schimpflichen gedanken
            Bezweifelte trotz deiner küsse und thränen
            Dich aller reine und heiligkeit quell!

Ein tag beginnt sein licht zu verteilen.
Sie treten beide über die schwelle
Vom ersten vollen scheine geblendet
Verändert doch zwiespältiger art:
Das weib in himmlischem glanz erstrahlt --
Er niedergedrückt und verstört.
Jezt will er gehen... ein weibliches wissen
Befiehlt ihr ihn nicht zurückzuhalten
— Nach ungewohntem ist einsamkeit not
Noch flöfst das so neue ihm schrecken ein —
Sie lässt ihn schlecht ihren jubel verhehlend
Und schlecht -- unselige! deutung findend
Für seine miene nach solchem genusse.
Sie schaut ihm lange ahnungslos nach
Sie süfser und herrlicher jezt.
Damit zu voller schönheit und frische
Sie wunderbar sich entfalten konnte
Bedurfte sie nur der küsse regen
Und seliger stunden weckenden thau.

Dem wald entgegen durcheilt er die fluren
Das herz voll gift und reuezorn.
            Nun sinnloser hast du gewissheit.
            Verderbliches wissen! lästrische probe!
            Ich war verbrecher vom augenblick an
            Da ich zum verein an die seite ihr trat
            Mit einer schandthat kauft ich die lösung.

Ach endlich glaubte sie mich besiegt
Geheilt von dem übel das sie am meisten
Zerquälen musste · so wonneerfüllt
Bedünkten sie die umarmungen echt
Die tierische zuckungen übersüfsten
Die liebeseingabe sie geglaubt.

Da ist der sturzbach · dunkle wellen
Von des gebirges wettern genährt
Wälzen sich wo vor kurzem noch friedlich
Silberne linien und lachen glissen.
Wie er hässlich mein bild mir zurückwirft
Fluch mir verheifsend wie alle es thun
Blumen und fluren und bergesgipfel.
Deine klaren wasser bezeugten
Meine zager- und dulderstunden
Düstere wogen die heulen und schäumen
Machen mir zeichen · sie ziehn mich hinab
Dass ich dort meine verdammnis beginne.

aus HYMNEN

WEIHE

Hinaus zum strom! wo stolz die hohen rohre
Im linden winde ihre fahnen schwingen
Und wehren junger wellen schmeichel-chore
Zum ufermoose kosend vorzudringen.

Im rasen rastend sollst du dich betäuben
An starkem urduft, ohne denkerstörung,
So dass die fremden hauche all zerstäuben.
Das auge schauend harre der erhörung:

Siehst du im takt des strauches laub schon zittern
Und auf der glatten fluten dunkelglanz
Die dünne nebelmauer sich zersplittern?
Hörst du das elfenlied zum elfentanz?

Schon scheinen durch der zweige zackenrahmen
Mit sternenstädten selige gefilde.
Der zeiten flug verliert die alten namen
Und raum und dasein bleiben nur im bilde.

Nun bist du reif, nun schwebt die herrin nieder,
Mondfarbne gazeschleier sie umschlingen,
Halboffen ihre traumesschweren lider
Zu dir geneigt die segnung zu vollbringen:

Indem ihr mund auf deinem antlitz bebte
Und sie dich rein und so geheiligt sah
Dass sie im kuss nicht auszuweichen strebte
Dem finger stützend deiner lippe nah.

NACHTHYMNE

Dein auge blau, ein türkis, leuchtet lange
Zu reich dem Einen · ich verharre bange.
Den kiesel tröstet deines kleides saum
Kaum tröstet mich ein traum.

Die alten götter waren nicht so strenge.
Wenn aus der schönen mutberauschten menge
Ein jüngling angeglüht von frommem feuer
Zu ihrem lobe liefs des lichtes pfade
So war das reine opfer ihnen teuer
So lächelten und winkten sie mit gnade.

Bin ich so ferne schon von opferjahren?
Entweiht mich süfses lüsten nach dem tode
Und sang ich nicht zu dröhnenden fanfaren
Der freudenliebe sonnen-ode?

Geruhe du nur dass ein kurzer schimmer
Aus deiner wimper brechend mich versehre:
Des glückes hoffnung misst ich gern für immer.
Nach deinem preise schlöss ich meinen psalter
Und spottete dem schatten einer ehre
Und stürbe wertlos wie ein abendfalter.

GESPRACH

Nie sei mir freude an den kalten ehren:
Wenn königlich du deinen leib verbietest
Den niedren mägden die ihn dreist ergehren
Und deren du mit seufzen nur entrietest.

Vergebens musst du ja die hände ringen
Nach einem labetrunk aus hoher sfäre.
O dass um selber ihn herabzubringen
Dass einer mutter ich geboren wäre.

Herr oder flehend mögest du mich laden,
Es sollte mir kein doppel-rot entquillen,
Ich würde dich in seidenwellen baden
Auf schwerem purpur freudig dir zu willen.

Doch so kann ich mit schattenkuss nur trösten,
Ich leichter wolke kind und lichter plane,
Im chaos fragen, jubeln dem Erlösten
Und dulden wie ich deine duldung ahne.

DIE GÄRTEN SCHLIESSEN

Frühe nacht verwirrt die ebnen bahnen,
 Kalte traufe trübt die weiher,
Glückliche Apolle und Dianen
 Hüllen sich in nebelschleier.

Graue blätter wirbeln nach den gruften.
 Dahlien levkojen rosen
In erzwungenem orchester duften,
 Wollen schlaf bei weichen moosen.

Heiße monde flohen aus der pforte.
 Ward dein hoffen deine habe?
Baust du immer noch auf ihre worte
 Pilger mit der hand am stabe?

AUS **PILGERFAHRTEN**

I 1

MAHNUNG

Du folgst der horde die dich tosend lud
Zum thron aus grellem gelbem seidenstoff
Und rohem gold das oft vom blute troff
Inmitten trümmersee und flammensud.

Nun weihe jede lust und jeden mord!
Dein wille rasend wie der gischt am fels
Erfreut sich am verheererischen nord
Und spottet klarer luft und klaren quells.

Vor deinen schuhen stammelt man den eid,
Entführte weiber weinen ihren gram
Und eine, wirr im schrecken, ohne scham
Zerreifst vor deinem herrenblick ihr kleid.

Wie feile kiese bieten sich dir dar
Koralle perle demant und smaragd.
Die priesterin in züchtigem talar
Verneigt sich grüfsend: siehe deine magd.

Und einsam giebst du dir ein wildes spiel:
Wenn sich dein haar in niedrer lache nässt
Dein stolz mit wonne in die furchen fiel
Die der gemeinen tiere klaue lässt..

War so denn wirklich dein erstritten land?
O überhöre jenen lockungschrei
Und sag nicht dass dein leid dein führer sei
Und wechsel nicht ein würdiges gewand.

Mühle lass die arme still
Da die haide ruhen will .
Teiche auf den thauwind harren,
Ihrer pflegen lichte lanzen
Und die kleinen bäume starren
Wie getünchte ginsterpflanzen .

Weifse kinder schleifen leis
Ueberm see auf blindem eis
Nach dem segentag · sie kehren
Heim zum dorf in stillgebeten ,
Die beim fernen gott der lehren
Die schon bei dem naherflehten .

Kam ein pfiff am grund entlang?
Alle lampen flackern bang .
War es nicht als ob es riefe?
Es empfingen ihre bräute
Schwarze knaben aus der tiefe..
Glocke läute glocke läute !

NEUER AUSFAHRTSEGEN

Als noch verheifsung mich ins ferne schickte ,
In lichten schlafen ich die braut ersann
Da thatest du mich einen tag in bann
An dem ich dich als ihren boten blickte .

Da langsam heifse gier nach ihr erstickte ,
Ich in entsagung frieden fast gewann ,
Sprich ob es gute fügung heifsen kann
Wenn nochmal mir dein auge niedernickte..

Ich schreite durch den dom zum mittelthron
Auf goldnen füsen qualmen harz und santel,
Mein sang ist schallend wie zu orgelton

Zur salbung fliefs mein eigen siedend blut!
Wo find ich wieder meinen pilgermantel
Wo find ich wieder meinen pilgerhut?

Beträufelt an baum und zaun
Ein balsam das sprocke holz?
Verspäteter sonnen erglühn
Die herbstlichen farben verschmolz:
Rotgelb, gesprenkeltes braun,
Scharlach und seltsames grün.

Wer naht sich dem namenlosen
Der fern von der menge sich härmt?
In mattblauen kleidern ein kind.
So raschelt ein schüchterner wind
So duften sterbende rosen
Von scheidenden strahlen erwärmt.

An schillernder hecken rand
Bei dorrenden laubes geknister
Und lichter wipfel sang
Führen wir uns bei der hand
Wie märchenhafte geschwister
Verzückt und mit zagendem gang.

aus ALGABAL

IM UNTERREICH

Ihr hallen prahlend in reichem gewande
Wisst nicht was unter dem fuſs euch ruht —
Den meister lockt nicht die landschaft am strande
Wie jene blendend im schofse der flut.

Die häuser und höfe von ihm nur ersonnen
Und unter den tritten der wesen beschworen,
Ohne beispiel die hügel der bronnen
Und grotten in strahlendem rausche geboren.

Die einen gleiſsen in ewigen wintern,
Jene von hundertfarbigen erzen
Aus denen juwelen als tropfen sintern
Und flimmern und glimmen vor währenden kerzen.

Die ströme die in den höheren stollen
Wie scharlach granat und rubinen sprühten
Verfärben sich blässer im niederrollen
Und fliefsen von nun ab wie rosenblüten.

Auf seen tiefgrün in häfen verloren
Schaukeln die ruderentbehrenden nachen,
Sie wissen auch in die wellen zu bohren
Bei armige riffe und gähnende drachen.

Der schöpfung wo er nur geweckt und verwaltet
Erhabene neuheit ihn manchmal erfreut
Wo aufser dem seinen kein wille schaltet
Und wo er dem licht und dem wetter gebeut.

Daneben war der raum der blassen helle
Der weifses licht und weifsen glanz vereint.
Das dach ist glas, die streu gebleichter felle
Am boden schnee und oben wolke scheint.

Der wände matte täfelung aus zedern.
Die dreifsig pfauen stehen dran im kreis,
Sie tragen daunen blank wie schwanenfedern
Und ihre schleppen schimmern wie das eis.

Für jede zier die freunden farbenstrahlen:
Aus blitzendem und blinderem metall
Aus elfenbein und milchigen opalen
Aus demant alabaster und kristall

Und perlen! klare gaben dumpfer stätte
Die ihr wie menschliche gebilde rollt
Und doch an einer wange warmer glätte
Das nasse kühl beharrlich wahren sollt.

Da lag die kugel auch von murra-stein
Mit der in früher jugend Er gespielt —
Des kaisers finger war am tage rein
Wo thränend er sie vor das auge hielt.

aus SAGEN UND SÄNGE

FRAUENLOB

In der stadt mit alten firsten und giebelbildern,
Den schneckenbögen an gebälk und thüren,
Gemalten scheiben, türmen die an die sterne rühren,
Den hohlen gängen und verwischten wappenschildern,
Bei den brunnen wann morgen und abend graut
Bei der gelächter und der wasser silbernem laut:
Ein leben voll zäher bürden,
Ein ganzes leben dunklen duldertumes
War ich der herold eurer würden
War ich der sänger eures ruhmes:

Weiſse kinder der bitt-gepränge
Mit euren kerzen fahnen bändern,
Führerinnen der heitren klänge
In farbigen lockeren gewändern,
Bleiche freundinnen der abendmahle
Patriziertöchter stolze hochgenannte!
Die unter heiligem portale
Die schweren kleider falten der levante —
Und habe meiner töne ganze kunst gepflegt
Für euch ihr zierden im fest- und jubelsaale
Herrinnen mächtig und unbewegt.

Wer von euch aber reichte mir zum grufse
Den becher und den eichenkranz entgegen?
Wer sagte mir dass sie mich würdig wähne
Ihr leichtes band gehorsam anzulegen?
Welche thräne und welche milde bufse
Gab antwort je auf meiner leier thränen?
Ich fühle friedlich schon des todes fufs.

Bei der glocke klagen folgen jungfraun und bräute sacht
Einem sarg in düstrer tracht
Nur zarte hände reine und hehre
Dürfen ihn zum münster tragen zum gewölb und grab
Mit königlicher ehre
Den toten priester ihrer schönheit zu verklären.
Mädchen und mütter unter den zähren
Gemeinsamer witwenschaft giefsen edle weine
Blumen und edelsteine
Fromm in die gruft hinab.

Das lied des zwergen:

Ganz kleine vögel singen.
Ganz kleine blumen springen,
Ihre glocken klingen.

Auf hell blauen heiden
Ganz kleine lämmer weiden
Ihr vliefs ist weifs und seiden.

Ganz kleine kinder neigen
Und drehen sich laut im reigen
— Darf der zwerg sich zeigen?

Lilie der auen!
Herrin im rosenhag!
Gieb dass ich mich freue,
Dass ich mich erneue
An deinem gnadenreichen krönungstag.

Mutter du vom licht,
Milde frau der frauen,
Weise deine güte
Kindlichem gemüte
Das mit geäst und moos dein bild umflicht.

Frau vom guten rat!
Wenn ich voll vertrauen
Wenn ich ohne sünde
Deine macht verkünde:
Schenkst du mir worum ich lange bat?

AUS **HIRTENGEDICHTE**

DER AUSZUG DER ERSTLINGE

Uns traf das los:
        wir müssen schon ein neues heim
In fernem feld
        uns suchen die wir kinder sind.
Ein epheuzweig
        vom feste steckt uns noch im haar.
Die mutter hat
        uns auf der schwelle lang geküsst.
Sie seufzte leis
        und unsre väter gingen mit
Geschlossnen munds
        bis an die marken. hingen dann
Zur trennung uns
        die feingeschnizten tafeln um
Aus tannenholz —
        wir werfen etliche davon
Wenn einer aus
        den lieben brüdern stirbt ins grab.

Wir schieden leicht
>nicht eines hat von uns geweint.
Denn was wir thun
>geschieht den unsrigen zum heil.
Wir wandten nur
>ein einzigmal den blick zurück
Und in das blau
>der fernen traten wir getrost.
Wir ziehen gern
>ein schönes ziel ist uns gewiss
Wir ziehen froh
>die Götter ebnen uns die bahn.

AUS **DAS JAHR DER SEELE**

NACH DER LESE

Komm in den totgesagten park und schau!
Der schimmer ferner lächelnder gestade
Der reinen wolken unverhofftes blau
Erhellt die weiher und die bunten pfade.

Dort nimm das tiefe gelb das weiche grau
Von birken und von buchs · der wind ist lau.
Die späten rosen welkten noch nicht ganz
Erlese küsse sie und flicht den kranz,

Vergiss auch diese lezten astern nicht!
Den purpur um die ranken wilder reben
Und auch was übrig blieb von grünem leben
Verwinde leicht im herbstlichen gesicht.

Ihr rufe junger jahre die befahlen
Nach IHR zu suchen unter diesen zweigen:
Ich muss vor euch die stirn verneinend neigen
Denn meine liebe schläft im land der strahlen.

Doch schickt ihr sie mir wieder die im brennen
Des sommers und im flattern der Eroten
Sich als geleit mir schüchtern dargeboten:
Ich will sie diesmal freudig anerkennen.

Die reifen trauben gähren in den bütten
Doch will ich alles was an schönen trieben
Und edler saat vom sommer mir geblieben
Aus vollen händen vor ihr niederschütten.

Ja heil und dank dir die den segen brachte!
Du schläfertest das immerlaute pochen
Mit der erwartung deiner — Teure — sachte
In diesen glanzerfüllten sterbewochen.

Du kamest und wir halten uns umschlungen
Ich werde zarte worte für dich lernen
Und ganz als glichest du der einen fernen
Dich loben auf den sonnen-wanderungen.

Wir schreiten auf und ab im reichen flitter
Des buchenganges beinah bis zum thore
Und sehen aufsen in dem feld vom gitter
Den mandelbaum zum zweiten mal im flore.

Wir suchen nach den schattenfreien bänken
Dort wo uns niemals fremde stimmen scheuchten,
In träumen unsre arme sich verschränken
Wir laben uns am langen milden leuchten.

Wir fühlen dankbar wie zu leisem brausen
Von wipfeln strahlenspuren auf uns tropfen
Und horchen nur und blicken wenn in pausen
Die reifen früchte an den boden klopfen.

Umkreisen wir den stillen teich
In den die wasserwege münden,
Du suchst mich heiter zu ergründen
Ein wind umweht uns frühlingsweich.

Die blätter die den boden gilben
Verbreiten neuen wohlgeruch,
Du sprichst mir nach in klugen silben
Was mich erfreut im bunten buch.

Doch weifst du auch vom tiefen glücke
Und schätzest du die stumme thräne?
Das auge schattend auf der brücke
Verfolgest du den zug der schwäne.

Wir stehen an der hecken gradem wall,
In reihen kommen kinder mit der nonne
Sie singen lieder von der himmelswonne
In dieser erde sichrem klarem ball.

Die wir uns in der abendneige sonnten
Uns schreckten deine worte und du meinst:
Wir waren glücklich bloſs solang wir einst
Nicht diese hecken überschauen konnten.

Du willst am mauerbrunnen wasser schöpfen
Und spielend in die kühlen strahlen langen
Doch scheint es mir du wendest mit befangen
Die hände von den beiden löwenköpfen.

Den ring mit dem erblindeten juwele
Ich suchte dir vom finger ihn zu drehen,
Dein feuchtes auge küsste meine seele
Als antwort auf mein unverhülltes flehen.

Nun säume nicht die gaben zu erhaschen
Des scheidenden gepränges vor der wende,
Die grauen wolken sammeln sich behende,
Die nebel können bald uns überraschen.

Die wespen mit den goldengrünen schuppen
Sind von verschlossnen kelchen fortgeflogen.
Wir fahren mit dem kahn in weitem bogen
Um bronzefarbnen laubes inselgruppen.

B K 4

Wir werden heute nicht zum garten gehen.
Denn wie uns manchmal rasch und unerklärt
Dies leichte duften oder leise wehen
Mit lang vergessner freude wieder nährt:

So bringt uns jenes mahnende gespenster
Und leiden das uns bang und müde macht —
Sieh unterm baume draufsen vor dem fenster
Die vielen leichen nach der winde schlacht!

Vom thore dessen eisen lilien rosten
Entschweben vögel zum verdeckten rasen
Und andre trinken frierend auf den pfosten
Vom regen aus den hohlen blumenvasen.

Ich schrieb es auf — nicht länger sei verhehlt
Was als gedanken ich nicht mehr verbanne.
Was ich nicht sage, du nicht fühlst: uns fehlt
Bis an das glück noch eine weite spanne.

An einer hohen blume welkem stiel
Entfaltest du's: ich stehe fern und ahne..
Es war das weifse blatt das dir entfiel
Die grellste farbe auf dem fahlen plane.

Im freien viereck mit den gelben steinen
In dessen mitte sich die brunnen regen
Willst du noch flüchtig späte reden pflegen
Da heut dir hell wie nie die sterne scheinen.

Doch tritt von dem basaltenen behälter,
Er winkt die toten zweige zu bestatten.
Im vollen mondenlichte weht es kälter
Als droben unter jener föhren schatten.

Ich lasse meine grofse traurigkeit
Dich falsch erraten um dich zu verschonen,
Ich fühle: hat die zeit uns kaum entzweit
So wirst du meinen traum nicht mehr bewohnen.

Doch wenn erst unterm schnee der park entschlief
So glaub ich dass noch leiser trost entquille
Aus manchen schönen resten — straufs und brief —
In tiefer kalter winterlicher stille.

aus EINEM NEUEN BUCH

I

Ich forschte bleichen eifers nach dem horte:
  Nach strofen drinnen tiefste kümmernis
  Und dinge rollten dumpf und ungewiss
Da trat ein nackter engel durch die pforte.

Entgegen trug er dem versenkten sinn
  Der reichsten blumen last und nicht geringer
  Als mandelblüten waren seine finger
Und rosen, rosen waren um sein kinn.

Auf seinem haupte keine krone ragte
  Und seine stimme fast der meinen glich:
  »Das schöne leben sendet mich an dich
Als boten« während er dies lächelnd sagte

Entfielen ihm die lilien und mimosen
  Und als ich sie zu heben mich gebückt
  Da kniet auch er · ich badete beglückt
Mein ganzes antlitz in den frischen rosen.

II

Gieb mir den grofsen feierlichen hauch
Gieb jene glut mir wieder die verjünge
Mit denen einst der kindheit-flügel schwünge
Sich hoben zu dem frühsten opfer-rauch

Ich mag nicht atmen als in deinem duft ,
Verschliefs mich ganz in deinem heiligtume ,
Von deinem reichen tisch nur eine krume !
So fleh ich heut aus meiner dunklen kluft .

Und Er: was jezt mein ohr so stürmisch trifft
Sind wünsche die sich unentwirrbar streiten ,
Gewährung eurer vielen kostbarkeiten
Sei nicht mein amt und meine ehrengift

Wird nicht durch zwang errungen · dies erkenn —
Ich aber bog den arm an seinen knieen
Und aller wachen sehnsucht stimmen schrieen :
Ich lasse nicht ! du segnetest mich denn .

III

Zu lange dürst ich schon nach eurem glücke !
Dass mich des Herren joch nicht mehr bedrücke !
Zu düster und zu einsam war sein dienst
Als du mir schmerzlichem am weg erschienst .

Er gebe mir die freiheit wieder , nehme
Die palmen und die starren diademe ,
Versprechen einer neuen morgenblust
Um dich — mit meiner stirn an deiner brust .

Da trat Er mir entgegen fahnenschwinger
Im herbstesgolde und er hob den finger
Und lenkte mich zurück in seinen bann
Mit einem ton der einst den geist umspann

Beim märchen der antikischen Sirenen
Und mit dem langen schwermut-blick der jenen
Des Meisters an dem see der heimat glich
Als er die jünger fragte: liebt ihr mich?

IV

Du wirst nicht mehr die lauten fahrten preisen
Wo falsche flut gefährlich dich umstürmt
Und wo der abgrund schroffe felsen türmt
Um deren spitzen himmels adler kreisen.

In diesen einfachen gefilden lern
Den wind der den zu kühlen frühling lindert
Und den begreifen der die schwüle mindert
Und ihrem kindes-stammeln horche gern.

Du findest das geheimnis ewiger runen
In dieser halden strenger linienkunst
Nicht nur in mauermeeres zauberdunst —
Schon lockt nicht mehr das wunder der lagunen

Das all-umworbene trümmergrofse Rom
Wie herber eichenduft und rebenblüten
Wie sie die deines volkes hort behüten
Wie deine wogen, lebengrüner strom.

V

In meinem leben rannen schlimme tage
Und manche töne hallten rauh und schrill.
Nun hält ein guter geist die rechte wage
Nun thu ich alles was der engel will.

Wenn auch noch oft an freudelosem ufer
Die seele bis zum schluchzen sich vergisst —
Sie hört sogleich am ankerplatz den rufer:
Zu schönerm strand die segel aufgehisst!

Wenn mich aufs hohe meer geneigt ein neuer
Gewittersturm bedroht vom wahne links
Vom tode rechts — so greift Er schnell das steuer,
Der kräfte toben harrt des einen winks.

Gebietend schlichtet er der wellen hader,
Die wolken weichen reiner bläue dort:
Bald zieht auf glatten wassern dein geschwader
Zur stillen insel zum gelobten port.

UM-SCHREIBUNGEN AUS „MANUEL"

(Das feld vor Timons haus)

Manuel — Leila

LEILA *(blumen pflückend)*
Was folgest du mir auf meinem blumengange?
Du hebst nicht die hände und scheinst doch ein bittender.

MANUEL
Ich möchte nur dies: mit dir zusammen blumen lesen.

LEILA
Wie das silber der birken und der gesang in ihren zweigen
So gehört auch die weite wiese dir und mir.
(sie pflücken zusammen blumen)

LEILA
Liebst du die glänzenden sterne zu betrachten
Und die wechselnden bilder der wolken zu verfolgen?

MANUEL
Ja und liebst du den schimmernden gewässern nach-
                                      zublicken

Und liebst du das schauern in den nächtigen wäldern?

LEILA
Was kommst du mir so nah und brichst mir meine blumen?

MANUEL
Damit ich deine hände sehe die weifser als die lilien sind.

LEILA
(sieht ihn fest an. sie pflücken weiter)

MANUEL
Willst du nicht meinen straufs zu dem deinen nehmen?

LEILA
Ich nehme ihn. doch darfst du nicht so viele knospen mitbrechen.

(stimme Timons)

LEILA
Der vater ruft — ich muss zurück in die hütte.

MANUEL
Und du wirst mir nicht verbieten wiederzukommen?

LEILA
Ich sagte dir schon dass die wiese uns beiden gehört.

MANUEL
Wenn du so sagst werd ich wol nicht wiederkommen.

LEILA
So sag ich es wäre mir schmerz wenn du nicht wiederkämest.

(sie flüchtet mit ihren blumen)

(Am brunnen)

Manuel — Leila

LEILA
(mit einem kruge kommend)
Warum lächelst du heute nicht froh da ich erscheine?

MANUEL
Ich leide noch von der angst dass du ausbleiben könntest.

LEILA
Ich bin zum dritten mal gekommen und weifs nicht ob ich darf.

MANUEL
Es verfloss keine stunde wo ich nicht bei dir lebte
Ich rufe nach dir in nächten die ich ohne schlaf verbringe.

LEILA
Ich hörte häufig deine stimme deutlich hier an der quelle.

MANUEL
Und zum monde sah ich denkend dass du auch hinsähest.

LEILA
Ich fühlte es an der plötzlichen wärme seiner strahlen.

MANUEL
So kurze nähe und so lange trennung trag ich nicht mehr.
Höre Leila! drüben in weiten gärten liegt mein haus.
Was sagtest du wenn wir dort im morgen der blumen warteten
Im abend den vögeln lauschten unter dunklen lauben
Und wenn wir niemals verliefsen für alle tage —
(sie schlingen ihre finger in einander und heben sie bis zur schulterhöhe)

LEILA *(sich losreissend)*
Du musst jezt schweigen und mich verlassen
Denn meine seele ist ganz in zittern.
(Manuel steht traurig da. Leila geht mit ihrem krug zur hütte)

Der Vater — Leila

VATER
Warum richtest du dein auge nicht auf die purpurne sonne?

LEILA
Ich sehe die purpurne sonne auch mit geschlossenem auge.

VATER
Willst du nicht einige schritte mit mir wandeln eh sie untergeht?

LEILA
Ich bin den ganzen tag unter bäumen und durch blumen gewandelt.

VATER
Ich glaube dass du deine jungen tauben noch nicht gefüttert hast.

LEILA
Meine jungen tauben werden ihr futter finden auch ohne mich.

VATER
Warum bringst du mir keine blumen mehr wie früher?

LEILA
Es trocknen noch einige sträufse an unsrem fenster.

VATER
Deine worte kommen mir zögernd und müde vor.

LEILA *(sieht auf und schweigt)*

VATER
Als ich dich heut morgen rief sahest du mich so starr an.

LEILA *(schweigt)*

VATER *(traurig)*
Ich ahne dass deine liebe zu mir verloren geht.

LEILA *(auf ihn zueilend)*
Vater du züchtigst mich und ich weifs nicht warum.

VATER *(abweisend)*
Bleib und füge zu deinem undank keine lüge,
Ich merke dass du dich von mir trennen willst,
Ein rotes mal ist auf deine stirn gezeichnet,
Ich werde bald aufhören dich meine tochter zu nennen.

(geht in die hütte)

LEILA
Was ist vorgefallen in jenen kurzen tagen:
Ich sah zwei augen und war plötzlich wie geblendet
Blumen quellen und himmel kamen mir anders vor.
Ich spürte zwei lippen und ich lebe seitdem
In einem wunderbaren und süfsen reiche.
So oft ich die lider schliefse spüre ich sie wieder.
Deshalb kann mein vater doch nicht erzürnt sein.

(hinknieend und die arme emporhebend)
Ich fühle mich rein wie die kinder im himmel droben.

LOBREDE AUF JEAN PAUL

III 2

Von einem dichter will ich euch reden einem der gröfsten und am meisten vergessenen und aus seinem reichen vor hundert jahren ersonnenen lebenswerk einige seiten lösen von überraschender neuheit unveränderlicher pracht und auffallender verwandtschaft mit euch von heute, damit ihr wieder den reinen quell der heimat schätzen lernet und euch nicht zu sehr verlieret in euren mennig-roten wiesen euren fosfornen gesichtern und euren lila-träumen.

Wenn es seiner hohen zeitgenossen befriedigung war empfundene und geschaute wirklichkeiten deutlich wiederzugeben so war es sein heiliges streben den zauber der träume und gesichte zu verbildlichen. wenn andere mit der worte klarheit und richtigkeit siegten so hat Er mit der worte verschwindend zarten abschattungen gewirkt, über ihren geheimnisvollen unsichtbar rauschenden und anziehenden unterstrom aufschlüsse gegeben und zuerst — ein vater der ganzen heutigen eindrucks-kunst — die rede mit unerwarteten glänzen und lichtern belebt mit heimlichen tönen mit versteckten pulsschlägen seufzern und verwunderungen.

> Ich war an die fünfte säule auf den obersten stufen eines griechischen tempels gelehnt, dessen weifsen fufsboden die gipfel taumelnder pappeln umzingelten — und die gipfel von eichen und kastanien liefen nur wie fruchthecken und geländerbäume wallend um den hohen tempel und reichten dem menschen darin nur bis ans herz.
>
> () wenn ein erdenmensch in einem traum durch das elysium gegangen, wenn grofse unbekannte blumen über ihm zusammenschlagen, wenn ein seliger ihm eine von diesen blumen gereicht hätte mit den worten: »Diese erinnere dich, wenn du

erwachst, dass du nicht geträumt« wie würde er schmachten nach dem elysischen lande so oft er die blume ansähe!

Da sanken vor uns lichte schneeperlen wie funken nieder, wir blickten auf und drei goldgrüne paradiesvögel wiegten sich oben und zogen unaufhörlich einen kleinen kreis hinter einander her und die fallenden perlen waren aus ihren augen oder ihre augen selber.

Da begann die lallende zunge aus orgeltremulanten durch die öde stille den seufzer des menschen anzureden und der wankende ton wand sich zu tief in sein weiches herz.

Er sah nie einen so reinen schnee des augapfels um die blaue himmelsöffnung die weit in die schöne seele ging, und wenn sie das auge in den garten niederschlug stand das grofse verhüllende augenlid mit seinen zitternden wimpern ebenso schön darüber wie eine lilie über einer quelle.

Er weinte nicht, aber konnte doch nicht mehr sprechen, ihre zwei herzen ruhten verknüpft in einander und die nacht umhüllte schweigend ihre stumme liebe und ihre grofsen gedanken.

Wenn oft ein undurchdringliches gestrüpp uns den weg durch den anmutigen duftenden garten mühsam macht: wenn ganze seiten von wunderlichen zusammenstellungen und mafslosen abschweifungen uns erschrecken so sollen wir uns zurückrufen dass der dichter zur zeit des zopfstiles gelebt hat den Er allein im welt-schrifttum vertritt, zur zeit in der man die edlen formen mit lächerlichen anhängen hässlichen schnörkeln und überflüssigen zierraten versah. und wenn mitten im trauten gespräch der liebenden ihr des schlummernden vaters rohes gelalle hören und mitten in einem erhabenen sternen-chore bis auf die minute erfahren müsset wann der mond aufgeht: so ist dies ein jäher rückruf, der peinliche unvermeidliche schlag den der dichter sich und euch wieder giebt so wie ihn seine hehre seele in all den kleinen städten an all den kleinen höfen vom niederen leben empfing.

Doch um wie viel öfter bleiben wir erstaunt und beschämt stehen vor einem so zarten empfinden einer so frauenhaften aufmerksamkeit einem solchen reichtum der gefühle, besonders da wo es ihm gelingt — entgegen dem beispiel der gleichaltrigen — herzlich und zugleich fein zu sein: traulich aber nicht derb, weich aber nicht verschwommen.

Wie hat er noch den wald gesehen das kindliche thal und die einfachen blumen! wie hat er noch der vögel sange lauschen können, mit welcher kühnheit und mit welch frommem schauer ist er durch die unermesslichkeiten, durch räume voll sonnen monden und erden geschwebt! wie hat er noch den mai genossen von seinem ersten kühlen windrauschen an bis zur himmlischen trunkenheit und verzückten auflösung im warmen blüten-meere!

Und sind sie nicht alle etwas von unserem fleische, seine wesen in denen wir nur die kämpfenden und sich versöhnenden teile der eignen seele sehen, die ohne grofse thäter zu sein unendlich sinnen und unendlich leiden, die zwischen dem flötenspiele zarter jünglinge und dem rosigen welken zarter mädchen hin und herziehen vom stillen Lilar zum lauschigen Blumenbühl.

— Sei aber nicht gesagt dass es in seinen werken an heftig ergreifenden auftritten fehle! wie Linda's verderben, Emmanuel's entschlummern, Vult's abschied von Walt und der gröfsten und rührendsten einer: Albano's wahn genesung und reise mit einem beinahe heldengedichtlichen abschluss.

Wenn Du höchster Goethe mit Deiner marmornen hand und Deinem sicheren schritt unsrer sprache die edelste bauart hinterlassen hast so hat Jean Paul der suchende der sehnende ihr gewiss die glühendsten farben gegeben und die tiefsten klänge.

BRIEFE DES KAISERS ALEXIS AN DEN DICHTER ARKADIOS

(AUSZÜGE)

ARKADIOS AN ALEXIS

Wenn ich den schmerz über die trennung von dir schon überstanden so dürfte ich den wechsel aus dem städtischen lärm und glanz in die ruhe dieser kühlen gartenländer nicht bereuen in die deine gnade o gröfster und gütigster cäsar mich versezt. wo ich am moos der gesteine dem allmählichen reifen der früchte und dem rollen reichlicher gewässer mich freuen gelernt während die tage in gleichmäfsiger behaglichkeit vorüberschweifen. es ist mir eine angenehme müfsigkeit geworden den plätzen die ich besonders lieb gewinne namen zu erfinden: die eichen oberhalb des gartens die mich in den ersten stunden meines aufenthaltes in Malakoi Potamoi so sehr getröstet nannte ich das wäldchen der morgenröte.. die stelle wo der grade bach durch dunkle tannen ganz von der sonne geschieden ist den trauer-ort der nymphen. seitdem du o Alexis meinen gesängen beifall gespendet habe ich oft gedacht dass jeder augenblick mir verloren wäre den ich nicht zu deiner freude oder zu deinem preise verbrächte.

ALEXIS AN ARKADIOS

Wie gern ich dich im palaste behalten hätte nachdem ich dich kaum gefunden und gekannt und welche gründe deine entfernung — denn verbannung darfst du es nicht nennen — veranlasst haben o mein Arkadios das weifst du. bald hättest du das was du als segen empfingest als bürde fliehen wollen und ich hätte dich vor ränken und gehässigkeiten nicht schützen können der ich selber oft dem gröfsten zwange unterworfen bin. hat doch Seleukos erst kürzlich die zahl meiner flötenbläser beschränken wollen und es mir verübelt dass ich in der rennbahn die partei der Grünen ergriffe. deine nänien geliebtester Arkadios die ich überallhin bei mir führe sind mir eine unversiegliche quelle der lust und sie werden mich an dich erinnern bis ich zum beginne der opora in deine abgeschiedenheit dich zu begrüssen eile.

ARKADIOS AN ALEXIS

Es war ein böser morgen der mich zu einer marmorsäule des Lysippos führte die den gott des weines und der freude darstellt und in einem mir seither unentdeckten laubgang des lustgartens errichtet ist. die ausgezeichnetsten werke jenes bildners die ich in der hauptstadt gesehen und von denen einige deine erhabene wohnung schmücken haben mich zwar immer mit staunen und bewunderung erfüllt: niemals aber fand ich ebenmafs starke glieder und zarte rundungen in so wahrhaft göttlicher weise vereinigt und die kunst des Lysippos däuchte mir das höchste geschenk der himmlischen im vergleich zu der alle — auch die meine — gering und tadelhaft wären. obwol ich Polyhymnia's und Erato's sanfte vorwürfe zu vernehmen glaubte und das gedächtnis an dein gütiges lob o Alexis mich wieder ermunterte: es war der erste tag meiner thränen in Malakoi Potamoi.

ALEXIS AN ARKADIOS

Schweren herzens setze ich dich von einem tode in kenntnis: des Eumenes der am abend der nonen dem gift erlegen ist. es wurden stimmen laut der jüngling habe sich beim gelage zu schmähungen hinreifsen lassen die andeuten dass er sich gegen unser geschlecht feindlich benehmen werde sobald erst die jahre mehr die begierde nach thaten als nach gastmahlen in ihm wachgerufen hätten. Seleukos wie die Augusta sahen in seinem tod eine staatliche notwendigkeit: unsre herschaft bedürfe der ständigen festigung und man solle nicht dulden dass ein uns gefährlicher anhang in der straflosigkeit gedeihe. sie beharrten beide auf ihrem entschluss obwol ich ihnen mit flehen abriet und ich den Eumenes weniger wegen der verdienste seiner ahnen als wegen seiner jugend und früheren freundschaft zu uns geschont hätte.

aus TAGE UND THATEN

SONNTAGE AUF MEINEM LAND

Die zusammenstimmende ruhe von wiesen wasser und blauer ferne wird nur manchmal unterbrochen durch das wehen einer flagge oder durch einen feiertagsklang der umliegenden weiler. in langen zwischenräumen schreien truthähne auf dem meierhof. kinder stehen mitten im flachen fluss und fischen, andere baden zwischen dem weidicht und weiter oben schwankt ein leeres boot an der fähre. wäre es möglich in dieser friedfertigen gediegenen landschaft seine seele wiederzufinden?

Es sollte mir gezeigt werden, ein familien-erbstück das schon seit jahren dastand: die gips-büste eines schönen stillen klugen kindes das früh sterben musste. es wurde mir gezeigt in dem frostigen langen fünf-fenstrigen saal mit den altmodischen vergoldungen dem weifsen gedielten estrich dem verbrauchten plüsch und den bis zur unkenntlichkeit nachgedunkelten ölgemälden. alle läden wurden geöffnet damit man es gut betrachten könne. auf einem alten kaunitz in einem glasgehäuse stand es mit der hohen etwas gewölbten stirn — viel älter aussehend da es nach der totenmaske gebildet war — das hinterköpfchen stark hervortretend und um den mund schon den ansatz zur falte die man später die schmerzensfalte nennt.

FRÜHLINGSFIEBER

In den schollen der äcker und am rande der bäche haften noch einige schnee-spuren und von der eintönigen verschleierten ebene fliegen die krähen auf. weifse wolkenstreifen strecken in den grauen vorjahrhimmel ihre totenhände. gewichtig und lächerlich grofsen vögeln gleichend drehen sich einige dürre bäume auf einer bergeshalde im winde hin und her.

Die erinnerung an euch goldumrandete wolken — flatternde versprechungen — war verblasst als von neuem warme tage das blut in gefährliche wallung treiben und vom haus zu den hügeln von den feldern zu den flüssen jagen. die sonnengebadeten höhen verletzen das auge das nur das graue verschlissene laub des vergangenen sommers betrachtet und die nacktheit der blütenbedeckten bäume die noch jedes grüns entbehren. abends sind diese aber in den dunklen gärten hellblinkende schwankende gestalten.

Es ist natürlich dass auch einmal die gräber mich zum besuche laden. zwei derselben sagen mir besonders zu: eines mit breiten edelkiefern die lauchgrüne spitze früchte tragen, ein andres wo eine verschleierte frau seit einem halben jahrhundert die kalte wohnung eines kindes beschützt. nicht sehr fern ist es zu der düsteren kleinen kirche auf einen vorsprung in den fluss gebaut deren scheiben und deren inneres zertrümmert sind und wo man ehmals messen las damit ein gewisser heiliger die leichen derer die dort herum ertranken länden lasse. unter einer reihe von gebogenen verwitterten kreuzhölzern gehe ich ganz nah an den strom und ich ermüde das ohr am gleichmäfsigen geräusch und am flimmernden spiegel die augen die seit langem die lust verloren sich mit tröstenden thränen zu füllen.

In dieser paarung von müdigkeit und unruhe vereinige ich oft mit verkehrter freude die verschiedenartigsten ausschnitte zu einer landschaft und es scheint mir wenn plötzlich ein zitronengelber schmetterling durch die kahlen farbenlosen gefilde fliegt wie ein jäher entschluss mitten in unbestimmten wünschen und drängen.

HUGO VON HOFMANNSTHAL

VORFRÜHLING

Es läuft der frühlingswind
Durch kahle alleen,
Seltsame dinge sind
In seinem wehen.

Er hat sich gewiegt
Wo weinen war
Und hat sich geschmiegt
In zerrüttetes haar.

Er schüttelte nieder
Akazienblüten
Und kühlte die glieder
Die atmend glühten.

Durch die glatten
Kahlen alleen
Treibt sein wehen
Blasse schatten

Und den duft
Den er gebracht
Von wo er gekommen
Seit gestern nacht.

Lippen im lachen
Hat er berührt,
Die weichen und wachen
Fluren durchspürt.

Er glitt durch die flöte
Als schluchzender schrei,
An dämmernder röte
Flog er vorbei.

Er flog mit schweigen
Durch flüsternde zimmer
Und löschte im neigen
Der ampel schimmer.

EIN TRAUM VON GROSSER MAGIE

Viel königlicher als ein perlenband
Und kühn wie junges meer im morgenduft
So war ein grosser traum, wie ich ihn fand.

Durch offene glasthüren ging die luft.
Ich schlief im pavillon zu ebner erde
Und durch vier offne thüren ging die luft.

Und früher liefen schon geschirrte pferde
Hindurch und hunde eine ganze schaar
An meinem bett vorbei. doch die geberde

Des magiers, des ersten, grossen, war
Auf einmal zwischen mir und einer wand.
Sein stolzes nicken, königliches haar

Und hinter ihm nicht mauer: es entstand
Ein weiter prunk von abgrund, dunklem meer
Und grünen matten hinter seiner hand.

Er bückte sich und zog das tiefe her,
Er bückte sich und seine finger gingen
Im boden so als ob es wasser wär.

Vom dünnen quellenwasser aber fingen
Sich riesige opale in den händen
Und fielen tönend wieder ab in ringen.

Dann warf er sich mit leichtem schwung der lenden,
Wie nur aus stolz, der nächsten klippe zu
— An ihm sah ich die macht der schwere enden.

In seinen augen aber war die ruh
Von schlafend doch lebendgen edelsteinen.
Er sezte sich und sprach ein solches Du

Zu tagen die uns ganz vergangen scheinen
Dass sie herkamen trauervoll und gross:
Das freute ihn zu lachen und zu weinen.

Er fühlte traumhaft aller menschen loos
So wie er seine eignen glieder fühlte.
Ihm war nichts nah und fern, nichts klein und gross.

Und wie tief unten sich die erde kühlte
Das dunkel aus den tiefen aufwärts drang,
Die nacht das laue aus den wipfeln wühlte,

Genoss er allen lebens grossen gang
So sehr dass er in grosser trunkenheit
So wie ein löwe über klippen sprang.

. . . .

Cherub und hoher herr ist unser geist,
Wohnt nicht in uns und in die obern sterne
Sezt er den stuhl und lässt uns viel verwaist:

Doch er ist feuer uns im tiefsten kerne
— So ahnte mir da ich den traum da fand —
Und redet mit den feuern jener ferne

Und lebt in mir, wie ich in meiner hand.

BALLADE DES ÄUSSEREN LEBENS

Und kinder wachsen auf mit tiefen augen
Die von nichts wissen, wachsen auf und sterben
Und alle menschen gehen ihre wege

Und süfse früchte werden aus den herben
Und fallen nachts wie tote vögel nieder
Und liegen wenig tage und verderben

Und immer weht der wind uud immer wieder
Vernehmen wir und reden viele worte
Und spüren lust und müdigkeit der glieder

Und strafsen laufen durch das gras, und orte
Sind da und dort, voll fackeln bäumen teichen
Und drohende, und totenhaft verdorrte..

Wozu sind diese aufgebaut? und gleichen
Einander nie? und sind unzählig viele?
Was wechselt lachen weinen und erbleichen?

Was frommt das alles uns und diese spiele
Die wir doch grofs und ewig einsam sind
Und wandernd nimmer suchen irgend ziele?

Was frommt's dergleichen viel gesehen haben?:
Und dennoch sagt der viel der ‚abend' sagt,
Ein wort daraus tiefsinn und trauer rinnt

Wie schwerer honig aus den hohlen waben.

TERZINEN ÜBER VERGÄNGLICHKEIT

III 2

Noch spür ich ihren atem auf den wangen:
Wie kann das sein dass diese nahen tage
Fort sind, für immer fort und ganz vergangen?

Dies ist ein ding das keiner voll aussinnt
Und viel zu grauenvoll als dass man klage:
Dass alles gleitet und vorüberrinnt

Und dass mein eignes ich durch nichts gehemmt
Herüber glitt aus einem kleinen kind,
Mir wie ein hund unheimlich stumm und fremd.

Dann: dass ich auch vor hundert jahren war
Und meine ahnen die im totenhemd
Mit mir verwandt sind wie mein eignes haar.

So eins mit mir als wie mein eignes haar.

III 2

Manche freilich müssen unten sterben
Wo die schweren ruder der schiffe streifen.
Andre wohnen bei dem steuer droben
Kennen vogelflug und die länder der sterne.

Manche liegen immer mit schweren gliedern
Bei den wurzeln des verworrenen lebens.
Andern sind die stühle gerichtet
Bei den sibyllen, den königinnen
Und da sitzen sie wie zu hause
Leichten hauptes und leichter hände.

Doch ein schatten fällt von jenem leben
In die anderen leben hinüber
Und die leichten sind an die schweren
Wie an luft und erde gebunden:

Ganz vergessener völker müdigkeiten
Kann ich nicht abthun von meinen lidern
Noch weghalten von der erschrockenen seele
Stummes niederfallen ferner sterne.

Viele geschicke weben neben dem meinen,
Durcheinander spielt sie alle das dasein
Und mein teil ist mehr als dieses lebens
Schlanke flamme oder schmale leier.

III 2

Dein antlitz war mit träumen ganz beladen.
Ich schwieg und sah dich an mit stummem beben
Wie stieg das auf! dass ich mich einmal schon
In frühern nächten völlig hingegeben

Dem mond und dem zuviel geliebten thal
Wo auf den leeren hängen auseinander
Die magern bäume standen und dazwischen
Die niedren kleinen nebelwolken gingen
Und durch die stille hin die immer frischen
Und immer fremden silberweifsen wasser
Der fluss hinrauschen liefs, wie stieg das auf!

Wie stieg das auf! denn allen diesen dingen
Und ihrer schönheit die unfruchtbar war
Hingab ich mich in grofser sehnsucht ganz
Wie jezt für das anschaun von deinem haar
Uud zwischen deinen lidern diesen glanz!

BOTSCHAFT

Ich habe mich bedacht dass schönste tage
Nur jene heifsen dürfen da wir redend
Die landschaft uns vor augen in ein reich
Der seele wandelten: da hügelan
Dem schatten zu wir stiegen in den hain
Der uns umfing wie schon einmal erlebtes,
Da wir auf abgetrennten wiesen still
Den traum vom leben niegeahnter wesen
Ja ihres gehns und trinkens spuren fanden
Und überm teich ein gleitendes gespräch
Noch tiefre wölbung spiegelnd als der himmel:
Ich habe mich bedacht auf solche tage
Und dass nächst diesen drei: gesund zu sein,
Am eignen leib und leben sich zu freuen
Und an gedanken, flügeln junger adler,
Nur eines frommt: gesellig sein mit freunden.
So will ich dass du kommst und mit mir trinkst
Aus jenen krügen die mein erbe sind
Geschmückt mit laubwerk und beschwingten kindern
Und mit mir sitzest in dem garten-turm:
Zwei jünglinge bewachen seine thür
In deren köpfen mit gedämpftem blick

Halbabgewandt ein ungeheueres
Geschick dich steinern anschaut dass du schweigst:
Und meine landschaft hingebreitet siehst,
Dass dann vielleicht ein vers von dir sie mir
Veredelt künftig in der einsamkeit
Und da und dort erinnerung an dich
Im schatten nistet und zur dämmerung
Die strafse zwischen dunklen wipfeln rollt
Und schattenlose wege in der luft
Dahinrollt wie ein ferner godlner donner.

DER TOD DES TIZIAN

(BRUCHSTÜCK)

Dramatis personæ

Der Prolog, ein page.
Filippo Pomponio Vecellio, genannt Tizianello, des Meisters sohn.
Giocondo.
Desiderio.
Gianino (er ist 16 jahre alt und sehr schön).
Batista.
Antonio.
Paris.
Lavinia, eine tochter des Meisters.
Cassandra.
Lisa.

Dies spielt im jahre 1599, da Tizian neunundneunzigjährig starb.

Die scene ist auf der terrasse von Tizians villa, nahe bei Venedig. die terrasse ist nach rückwärts durch eine steinerne, durchbrochene rampe abgeschlossen, über die in der ferne die wipfel von pinien und pappeln schauen. links rückwärts läuft eine (unsichtbare) treppe in den garten. ihr ausgang vor der rampe ist durch zwei marmorvasen markiert. die linke seite der terrasse fällt steil gegen den garten ab. hier überklettern ephen und rosenranken die rampe und bilden mit hohem gebüsch des gartens und hereinhangenden zweigen ein undurchdringliches dickicht.

Rechts füllen stufen fächerförmig die rückwärtige ecke aus und führen zu einem offenen altan. von diesem tritt man durch eine thür, die ein vorhang schliefst, ins haus. die wand des hauses, von reben und rosen umsponnen mit büsten und basreliefs geziert, vasen an den fenstersimsen aus denen schlingpflanzen quellen, schliefst die bühne nach rechts ab.

PROLOG

    Der Prolog, ein Page, tritt zwischen dem vorhang hervor, grüsst artig, sezt sich auf die rampe und lässt die beine (er trägt rosa seidenstrümpfe und mattgelbe schuhe) ins orchester hängen:

Das stück, ihr klugen herrn und hübschen damen,
Das sie heut abend vor euch spielen wollen
Hab ich gelesen.
Mein freund der Dichter, hat mir's selbst gegeben.

Ich stieg einmal die grofse treppe nieder
In unserm schloss, da hängen alte bilder
Mit schönen wappen, klingenden devisen,
Bei denen mir so viel gedanken kommen
Und eine trunkenheit von fremden dingen,
Dass mir zuweilen ist als müsst ich weinen..

Da blieb ich stehn bei des Infanten bild —
Er ist sehr jung und blass und früh verstorben..
Ich seh ihm ähnlich — sagen sie — und drum
Lieb ich ihn auch und bleib dort immer stehn
Und ziehe meinen dolch und seh ihn an,
Traurig und lächelnd und mit einem dolch..
Und wenn es ringsum still und dämmrig ist,
So träum ich dann ich wäre der Infant
Der längst verstorbne traurige Infant...

Da schreckt mich auf ein leises leichtes gehen,
Und aus dem erker tritt mein freund, der Dichter,
Und küsst mich seltsam lächelnd auf die stirn
Und sagt, und beinah ernst ist seine stimme:

»Schauspieler deiner selbstgeschaffnen träume .
»Ich weifs , mein freund , dass sie dich lügner nennen
»Und dich verachten, die dich nicht verstehen .
»Doch ich versteh dich o mein zwillingsbruder«
Und seltsam lächelnd ging er leise fort

Und später hat er mir sein stück geschenkt .
Mir hat's gefallen · zwar ist's nicht so hübsch
Wie lieder die das volk im sommer singt ,
Wie hübsche frauen , wie ein kind das lacht ,
Wie graziöse goldverzierte gondeln
Und wie jasmin in einer Delfter vase ..
Doch mir gefällt's weil's ähnlich ist wie ich:
Vom jungen Ahnen hat es seine farben
Und hat den schmelz der ungelebten dinge .
Altkluger weisheit voll und frühen zweifels ,
Mit einer grofsen sehnsucht doch , die fragt .

Wie man zuweilen beim vorübergehen
Von einem köpfchen das profil erhascht —
Sie lehnt kokett verborgen in der sänfte ,
Man kennt sie nicht , man hat sie kaum gesehen
(Wer weifs man hätte sie vielleicht geliebt)
(Wer weifs man kennt sie nicht und liebt sie doch)
Inzwischen malt man sich in hellen träumen
Die sänfte aus , die hübsche weifse sänfte ,
Und drinnen duftig zwischen rosa seide
Das blonde köpfchen , kaum im flug gesehn ,
Vielleicht ganz falsch , was thut's .. die seele will's ..
So , dünkt mich , ist das leben hier gemalt
Mit unerfahrnen farben des verlangens
Und stillem durst der sich in träumen wiegt .

Spätsommermittag. Auf polstern und teppichen lagern auf den stufen
die rings zur rampe führen Desiderio, Antonio, Batista und Paris,
alle schweigen, der wind bewegt leise den vorhang der thür. Tizianello
und Gianino kommen nach einer weile aus der thür rechts. Desiderio,
Antonio, Batista und Paris treten ihnen besorgt und fragend entgegen
und drängen sich an sie. nach einer kleinen pause:

Par: Nicht gut?
Gian: (mit erstickter stimme)
    Sehr schlecht.
  (zu Tizianello der in thränen ausbricht)
        Mein armer Pippo!
Bat: Er schläft?
Gian: Nein, er ist wach und fantasiert
  Und hat die staffelei begehrt.
Ant: Allein
  Man darf sie ihm nicht geben, nicht wahr, nein?
Gian: Ja, sagt der arzt, wir sollen ihn nicht quälen
  Und geben was er will in seine hände.
Tiz: (ausbrechend)
  Heut oder morgen ist's ja doch zu ende!
Gian: Er darf uns länger, sagt er, nicht verhehlen...
Par: Nein sterben, sterben kann der Meister nicht!
  Da lügt der arzt, er weifs nicht was er spricht:
Des: Der Tizian sterben der das leben schafft!
  Wer hätte dann zum leben recht und kraft?
Bat: Doch weifs er selbst nicht wie es um ihn steht?
Tiz: Im fieber malt er an dem neuen bild,
  In atemloser hast, unheimlich wild:
  Die mädchen sind bei ihm und müssen stehn,
  Uns aber hiefs er aus dem zimmer gehn.
Ant: Kann er denn malen, hat er denn die kraft?
Tiz: Mit einer rätselhaften leidenschaft
  Die ich beim malen nie an ihm gekannt
  Von einem martervollen zwang gebannt.

Ein page kommt aus der thür rechts, hinter ihm diener, alle erschrecken.

Tiz: ⎫
Gian: ⎬ Was ist?
Par: ⎭

Page: Nichts, nichts. der Meister hat befohlen
Dass wir vom gartensaal die bilder holen.

Tiz: Was will er denn?

Page: Er sagt er muss sie sehen..
»Die alten, die erbärmlichen, die bleichen,
»Mit seinem neuen das er malt vergleichen..
»Sehr schwere dinge seien ihm jezt klar,
»Es komme ihm ein unerhört verstehen
» Dass er bis jezt ein matter stümper war..»
Soll man ihm folgen?

Tiz: Gehet, gehet, eilt!
Ihn martert jeder pulsschlag den ihr weilt.

Die diener sind indessen über die bühne gegangen, an der treppe holt sie der page ein. Tizianello geht auf den fussspitzen, leise den vorhang aufhebend, hinein. die andern gehen unruhig auf und nieder.

Ant: (halblaut)
Wie fürchterlich, die lezte, wie unsäglich..
Der göttliche, der Meister, lallend, kläglich..

Gian: Er sprach schon früher was ich nicht verstand,
Gebietend ausgestreckt die blasse hand..
Dann sah er uns mit grofsen augen an
Und schrie laut auf: « es lebt der grofse Pan »
Und vieles mehr. mir wars als ob er strebte
Das schwindende vermögen zu gestalten,
Mit überstarken formeln festzuhalten,
Sich selber zu beweisen dass er lebte
Mit starkem wort, indess die stimme bebte.

Tiz: (zurückkommend)
Jezt ist er wieder ruhig, und es strahlt
Aus seiner blässe, und er malt und malt.
In seinen augen ist ein guter schimmer
Und mit den mädchen plaudert er wie immer.

Ant: So legen wir uns auf die stufen nieder
Und hoffen bis zum nächsten schlimmern wieder.

Sie lagern sich auf den stufen. Tizianello spielt mit Gianino's haar, die augen halb geschlossen.

Bat: (halb für sich)
Das schlimmre .. dann das schlimmste endlich .. nein,
Das schlimmste kommt, wenn gar nichts schlimmres mehr.
Das tote taube dürre weitersein..
Heut ist es noch als ob's undenkbar wär..
Und wird doch morgen sein.
Pause.
Gian: Ich bin so müd.
Par: Das macht die luft, die schwüle, und der süd.
Tiz: (lächelnd)
Der arme hat die ganze nacht gewacht!
Gian: (auf den arm gestützt)
Ja, Du... die erste die ich ganz durchwacht.
Doch woher weifst denn du's?
Tiz: Ich fühlt es ja.
Erst war dein stilles atmen meinem nah,
Dann standst du auf und safsest auf den stufen..
Gian: Mir war als ginge durch die blaue nacht,
Die atmende, ein rätselhaftes rufen.
Und nirgends war ein schlaf in der natur.
Mit atemholen tief und feuchten lippen,
So lag sie horchend in das grofse dunkel
Und lauschte auf geheimer dinge spur.
Und sickernd, rieselnd kam das sterngefunkel
Hernieder auf die weiche wache flur.
Und alle früchte schweren blutes schwollen
Im gelben mond und seinem glanz, dem vollen,
Und alle brunnen glänzten seinem ziehn,
Und es erwachten schwere harmonien..
Und wo die wolkenschatten hastig glitten
War wie ein laut von weichen nackten tritten..
Leis stand ich auf — ich war an dich geschmiegt —
(er steht erzählend auf, zu Tizianello geneigt)
Da schwebte durch die nacht ein süfses tönen
Als hörte man die flöte leise stöhnen
Die in der hand aus marmor sinnend wiegt
Der faun der da im schwarzen lorbeer steht

Gleich nebenan, beim nachtviolenbeet.
Ich sah ihn stehen still und marmorn leuchten.
Und um ihn her im silbrig blauen feuchten
Wo sich die offenen granaten wiegen,
Da sah ich deutlich viele bienen fliegen
Und viele saugen, auf das rot gesunken.
Von nächt'gem duft und reifem safte trunken.
Und wie des dunkels leiser atemzug
Den duft des gartens um die stirn mir trug.
Da schien es mir wie das vorüberschweifen
Von einem weichen wogenden gewand
Und die berührung einer warmen hand.
In weifsen, seidig weifsen mondesstreifen
War liebestoller mücken dichter tanz
Und auf dem teiche lag ein weicher glanz
Und plätscherte und blinkte auf und nieder.
Ich weifs es heut nicht, ob's die schwäne waren,
Ob badender najaden weifse glieder,
Und wie ein süfser duft von frauenhaaren
Vermischte sich dem duft der aloë..
Das rosenrote tönen wie von geigen,
Gewoben aus der sehnsucht und dem schweigen.
Der brunnen plätschern und der blüten schnee
Den die akazien leise niedergossen,
Und was da war ist mir in eins verflossen:
In eine überstarke schwere pracht,
Die sinne stumm und worte sinnlos macht.

Ant: Beneidenswerter, der das noch erlebt
Und solche dinge in das dunkel webt!

Gian: Ich war in halbem traum bis dort gegangen,
Wo man die stadt sieht, wie sie drunten ruht.
Sich flüsternd schmieget in das kleid von prangen
Das mond um ihren schlaf gemacht und flut.
Ihr lispeln weht manchmal der nachtwind her,
So geisterhaft, verlöschend leisen klang.
Beklemmend, seltsam und verlockend bang,
Ich hört es oft, doch niemals dacht ich mehr..

Da aber hab ich plözlich viel gefühlt:
Ich ahnt in ihrem steinern stillen schweigen
Vom blauen strom der nacht emporgespült
Des roten bluts bacchantisch wilden reigen.
Um ihre dächer sah ich fosfor glimmen,
Den widerschein geheimer dinge schwimmen
Und schwindelnd überkam's mich auf einmal:
Wol schlief die stadt: es wacht der rausch, die qual,
Der hass, der geist, das blut: das leben wacht.
Das leben, das lebendige, allmächt'ge -
Man kann es haben und darauf vergessen!..

   (er hält einen augenblick inne)

Und alles das hat mich so müd gemacht:
Es war so viel in dieser einen nacht.

Des : (an der rampe zu Gianino)
Siehst du die stadt wie jezt sie drüben ruht?
Gehüllt in duft und goldne abendglut
Und rosig helles gelb und helles grau,
Zu ihren füfsen schwarzer schatten blau,
In schönheit lockend, feuchtverklärter reinheit.
Allein in diesem duft, dem ahnungsvollen,
Da wohnt die hässlichkeit und die gemeinheit
Und bei den tieren wohnen dort die tollen..
Und was die ferne weise dir verhüllt
Ist ekelhaft und trüb und schal erfüllt
Von wesen die die schönheit nicht erkennen
Und ihre welt mit unsren worten nennen..
Denn unsre wonne oder unsre pein
Hat mit der ihren nur das wort gemein..
Und liegen wir in tiefem schlaf befangen,
So gleicht der unsre ihrem schlafe nicht:
Da schlafen purpurblüten, goldne schlangen,
Da schläft ein berg in dem Titanen hämmern —
Sie aber schlafen wie die austern dämmern.

Ant : (halb aufgerichtet)
Darum umgeben gitter, hohe, schlanke,
Den garten den der Meister liefs erbauen.

Darum durch üppig blumendes geranke
Soll man das aufsen ahnen mehr als schauen.

Par: (ebenso)
Das ist die lehre der verschlungnen gänge.

Bat: (ebenso)
Das ist die grofse kunst des hintergrundes
Und das geheimnis zweifelhafter lichter.

Tiz: (mit geschlossenen augen)
Das macht so schön die halbverwehten klänge,
So schön die dunklen worte toter dichter
Und alle dinge denen wir entsagen.

Par: Das ist der zauber auf versunknen tagen
Und ist der quell des grenzenlosen schönen,
Denn wir ersticken wo wir uns gewöhnen.

Alle verstummen. pause. Tizianello weint leise vor sich hin.

Gian: (schmeichelnd)
Du darfst dich nicht so trostlos drein versenken,
Nicht unaufhörlich an das eine denken.

Tiz: (traurig lächelnd)
Als ob der schmerz denn etwas anders wär
Als dieses ewige dran-denken-müssen
Bis es am ende farblos wird und leer..
So lass mich nur in den gedanken wühlen,
Denn von den leiden und von den genüssen
Hab längst ich abgestreift das bunte kleid
Das um sie webt die unbefangenheit,
Und einfach hab ich schon verlernt zu fühlen.

Pause.

Gian: Wo nur Giocondo bleibt?

Tiz: Lang vor dem morgen
— Ihr schlieft noch -- schlich er leise durch die pforte,
Auf blasser stirn den kuss der liebessorgen
Und auf den lippen eifersücht'ge worte..

Pagen tragen zwei bilder über die bühne (die Venus mit den blumen und das grosse Bacchanal) die schüler erheben sich und stehen, so lange die bilder vorübergetragen werden, mit gesenktem kopf, das barett in der hand.

Nach einer pause (alle stehen)

Des: Wer lebt nach ihm, ein künstler und lebend'ger,
 Im geiste herrlich und der dinge länd'ger
 Und in der einfalt weise wie das kind?
Ant: Wer ist der seiner weihe freudig traut?
Bat: Wer ist dem nicht vor seinem wissen graut?
Par: Wer will uns sagen ob wir künstler sind?
Gian: Er hat den regungslosen wald belebt:
 Und wo die braunen weiher murmelnd liegen
 Und epheuranken sich an buchen schmiegen,
 Da hat er götter in das nichts gewebt:
 Den satyr der die syrinx tönend hebt,
 Bis alle dinge in verlangen schwellen
 Und hirten sich den hirtinnen gesellen..
Bat: Er hat den wolken die vorüberschweben,
 Den wesenlosen, einen sinn gegeben:
 Der blassen weifsen schleierhaftes dehnen
 Gedeutet in ein blasses süfses sehnen;
 Der mächt'gen goldumrundet schwarzes wallen
 Und runde graue die sich lachend ballen
 Und rosig silberne die abends ziehn:
 Sie haben seele, haben sinn durch ihn.
 Er hat aus klippen, nackten, fahlen, bleichen,
 Aus grüner wogen brandend weifsen schäumen,
 Aus schwarzer haine regungslosen träumen
 Und aus der trauer blitzgetroffner eichen
 Ein menschliches gemacht das wir verstehen
 Und uns gelehrt den geist der nacht zu sehen.
Par: Er hat uns aufgeweckt aus halber nacht
 Und unsre seelen licht und reich gemacht:
 Und uns gewiesen, jedes tages fliefsen
 Und fluten als ein schauspiel zu geniefsen,
 Die schönheit aller formen zu verstehen
 Und unsrem eignen leben zuzusehen.
 Die frauen und die blumen und die wellen
 Und seide, gold und bunter steine strahl
 Und hohe brücken und das frühlingsthal
 Mit blonden nymphen an kristallnen quellen

    Und was ein jeder nur zu träumen liebt
    Und was uns wachend herrliches umgiebt:
    Hat seine grofse schönheit erst empfangen,
    Seit es durch seine seele durch gegangen.

Ant: Was für die schlanke schönheit reigentanz,
    Was fackelschein für bunten maskenkranz,
    Was für die seele die im schlafe liegt
    Musik die wogend sie in rhythmen wiegt
    Und was der spiegel für die junge frau
    Und für die blüten sonne licht und lau:
    Ein auge, ein harmonisch element
    In dem die schönheit erst sich selbst erkennt —
    Das fand natur in seines wesens strahl.
    »Erweck uns, mach aus uns ein bacchanal!«
    Rief alles lebende das ihn ersehnte
    Und seinem blick sich stumm entgegendehnte.

  Während Antonio spricht, sind die drei mädchen leise aus der thür getreten und zuhörend stehen geblieben, nur Tizianello der zerstreut und teilnamlos etwas abseits rechts steht scheint sie zu bemerken. Lavinia trägt das blonde haar im goldnetz und das reiche kostüm einer venezianischen patrizierin. Cassandra und Lisa, etwa 19 und 17 jährig, tragen beide ein einfaches kaum stilisiertes peplum aus weifsem anschmiegendem flutendem byssus; nackte arme mit goldenen schlangenreifen am oberarm; sandalen, gürtel aus goldstoff. Cassandra ist aschblond, graziös. Lisa hat eine gelbe rosenknospe im schwarzen haar. irgend etwas an ihr erinnert ans knabenhafte, wie irgend etwas an Gianino ans mädchenhafte erinnert. hinter ihnen tritt ein page aus der thür der einen getriebenen silbernen weinkrug und becher trägt.

Gian: Dass uns die fernen bäume lieblich sind,
    Die träumerischen, dort im abendwind..

Par: Und dass wir schönheit sehen in der flucht
    Der weifsen segel in der blauen bucht..

Tiz: (zu dem mädchen, die er mit einer leichten bewegung begrüsst
   hat. alle andern drehen sich um)
    Und dass wir eures haares duft und schein
    Und eurer formen mattes elfenbein
    Und goldne gürtel die euch reich umwinden
    So wie musik und wie ein glück empfinden —

Das macht: Er lehrte uns die dinge sehen..
(bitter)
Und das wird man da drüben nie verstehen!
Gian: (zu den mädchen)
Ist er allein? soll niemand zu ihm gehen?
Lav: Bleibt alle hier. er will jezt niemand sehen.
Des: Vom schaffen beben ihm der seele saiten
Und jeder laut beleidigt die geweihten!
Tiz: O käm ihm jezt der tod, mit sanftem neigen,
In dieser schönen trunkenheit, im schweigen!
Par: Allein das bild? vollendet er das bild?
Ant: Was wird es werden?
Bat: Kann man es erkennen?
Lav: Wir werden ihnen unsre haltung nennen.
Ich bin die göttin Venus, diese war
So schön dass ihre schönheit trunken machte.
Cass: Mich malte er wie ich verstohlen lachte,
Von vielen küssen feucht das offne haar.
Lisa: Ich halte eine puppe in den händen,
Die ganz verhüllt ist und verschleiert ganz
Und sehe sie mit scheu verlangend an:
Denn diese puppe ist der grofse Pan.
Ein Gott,
Der das geheimnis ist von allem leben
Den halt ich in den armen wie ein kind,
Doch ringsum fühl ich rätselhaftes weben
Und mich verwirrt der laue abendwind.
Lav: Mich spiegelt still und wonnevoll der teich.
Cass: Mir küsst den fufs der rasen kühl und weich.
Lisa: Schwergolden glüht die sonne die sich wendet:
Das ist das bild und morgen ist's vollendet.
Lav: Indess er so dem leben leben gab,
Sprach er mit ruhe viel von seinem grab.
Im bläulich bebenden schwarzgrünen hain
Am weifsen strand will er begraben sein:
Wo dichtverschlungen viele pflanzen stehen,
Gedankenlos im werden und vergehen
Und alle dinge auf sich selbst vergessen

　　　　Und wo am meere das sich träumend regt
　　　　Der leise puls des stummen lebens schlägt.
Par:　Er will im unbewussten untersinken,
　　　　Und wir, wir sollen seine seele trinken
　　　　In des lebendgen lebens lichtem wein,
　　　　Und wo wir schönheit sehen wird Er sein!
Des:　Er aber hat die schönheit stets gesehen,
　　　　Und jeder augenblick war ihm erfüllung,
　　　　Indessen wir zu schaffen nicht verstehen
　　　　Und hülflos harren müssen der enthüllung..
　　　　Und unsre gegenwart ist trüb und leer,
　　　　Kommt uns die weihe nicht von aufsen her.
　　　　Ja, hätte der nicht seine liebessorgen
　　　　Die ihm mit rot und schwarz das heute färben
　　　　Und hätte jener nicht den traum von morgen
　　　　Mit leuchtender erwartung glück zu werben
　　　　Und hätte jeder nicht ein heimlich bangen
　　　　Vor irgend etwas und ein still verlangen
　　　　Nach irgend etwas und erregung viel
　　　　Mit innrer lichter buntem farbenspiel
　　　　Und irgend etwas was zu kommen säumt
　　　　Wovon die seele ihm fantastisch träumt
　　　　Und irgend etwas das zu ende geht
　　　　Wovon ein schmerz verklärend ihn durchweht,
　　　　So lebten wir in dämmerung dahin
　　　　Und unser leben hätte keinen sinn..

　　　　Die aber wie der Meister sind, die gehen
　　　　Und schönheit wird und sinn wohin sie sehen.

BILDLICHER AUSDRUCK

IV 1-2

ἐννόησας ὅτι τον ποιητὴν δεοι εἴπερ μέλλοι
ποιητὴς εἶναι ποιεῖν μύθους ἀλλ' οὐ λόγους

Man hört nicht selten die rede: ein dichtwerk sei mit bildlichem ausdruck geziert, reich an bildern. dies muss eine falsche anschauung hervorrufen als seien die bilder — metafern — etwas allenfalls entbehrliches, dem eigentlichen stoff aus welchem gedichtetes besteht äufserlich aufgeheftetes. vielmehr aber ist der uneigentliche der bildliche ausdruck kern und wesen aller poesie: jede dichtung ist durch und durch ein gebilde aus uneigentlichen ausdrücken.

Die „handlungen" die „gestalten" sind nichts anderes wofern man das wort nur recht versteht: gleichnisse aus vielen gleichnissen zusammengesezt. mit der sprache ist es nicht anders, nur sind es unter den redenden die dichter allein die sich des gleichnishaften der sprache unaufhörlich bewusst bleiben.

Was der dichter in seinen unaufhörlichen gleichnissen sagt, das lässt sich niemals auf irgend eine andere weise (ohne gleichnisse) sagen: nur das leben vermag das gleiche auszudrücken, aber in seinem stoff. wortlos.

Die leute suchen gern hinter einem gedicht was sie den „eigentlichen sinn" nennen. sie sind wie die affen die auch immer mit den händen hinter einen spiegel fahren als müsse dort ein körper zu fassen sein.

DICHTER UND LEBEN

IV 1-2

Wer immer mit den spiegelbildern zu thun hat wird im guten und bösen nicht sehr geneigt sein an das feste zu glauben.

Das wirkliche ist nicht viel mehr als der feurige rauch aus dem die erscheinungen hervortreten sollen: doch sind die erscheinungen kinder dieses rauches.

Dies ist der gefährlichste beruf der sich immer mit dem schein des sittlichen abgiebt: er führt dazu sich mit sittlichen möglichkeiten zu begnügen.

Das wissen um die darstellbarkeit tröstet gegen die überwältigung durch das leben: das wissen ums leben tröstet über die schattenhaftigkeit der darstellung. so sind sie mit einander verbunden; dies wird eine schwache begabung hinabziehen, eine starke emportreiben.

Der dichter begreift alle dinge als brüder und kinder eines blutes; dies führt ihn aber zu keiner verwirrung. er schäzt die einzigkeit der begebenheit unendlich hoch. über alles sezt er das einzelne wesen, den einzelnen vorgang, denn in jedem bewundert er den zusammenlauf von tausend fäden die aus den tiefen der unendlichkeit herkommen und sich nirgends wieder, niemals wieder völlig so treffen. hier lernt er seinem leben gerecht zu werden.

PAUL GERARDY

LIEDER

I

Das lied ganz aus mondenschein
Hersag ich's ein wenig bleich.
Eine amsel sang es beim dämmern
Dem horchenden schwan auf dem blauen teich.

Es klingt von liebe von trauer,
Von freude noch von liebe noch,
Von schweren goldnen seufzern
Und freude bleibt es doch.

Die amsel schlug eilend die flügel —
Der schwan sinnt über den neuen ton,
Er zieht mit dem kopf unterm flügel
Auf des wassers rücken davon.

II

Lass singen den herbst vor den thüren
Harmonische pracht des herbstes.
Gold, purpur die winde führen,
Zerstückte kleidung des herbstes.

Deine arme in küssen in tollen
Um meinen nacken sich schlingen,
Weisheit die thränenvolle
Der wind trägt sie weg im singen.

Ich ruhe ein wenig vom leben,
Ich sende in sorglosem traum
Meine lieder von klarer freude
Wie tauben zum himmelssaum.

AUS ALLEN DENEN VON DER RUNDE

II 2
WIDMUNG AN STEFAN GEORGE

Auf deiner erhobnen theorbe singen die sterne
Von Goethe von Platen und dem dichtergeblüt
Dess klare hoheit entzündete die sterne,
Das freudige gold das germanische himmel besprüht.

Du Herrlicher singst allein noch die sänge der götter
Aus niederer menge die das schweigen entweiht —
Du wandelst hehr und die ganze freude der götter
Aus deinem mund sich in strahlenden takten befreit.

O sänger der mir meine lange thorheit verdachte
Von dem ich ferne mein leidendes leben verbrachte,
Ich widme dir meine brüderlichen träume

Damit für euch ihr bewohner im heiligen lichte
Aus azur und reinem glanze sich errichte
Das stolze schloss meiner brüderlichen träume.

ERWACHEN

II 2.

Hehre hohe goldne blumen
Ragen zu der sonne auf.

Müde von des langen tages schwüle
Von dem langen streichen durch die berge
Von der hellen hehren sonnenfreude,
Aller blumen müd und matt
Ist der ritter eingeschlafen
Unter einer hohen goldnen blume
Die der sonne winkt in winden.

Neben ihm die dünne lanze
Die ein wolfshund ihm bewacht.

Doch die sonne rot und grofs
Sinkt wie feuersbrunst am himmel
Und die kühlen winde wecken
Leise rufend leise neckend
Ritter hund und lanze.

Und die hohen goldnen blumen
Schliefsen sich und schlafen ein.

Ritter schweigsam greift zur lanze
Still und langsam mit dem wolfshund
Schleicht er durch den blumenfrieden fort.

DIE JUNGFRAUEN

HILDEGARDIS

»So lange tage stand ich und so dunkle nächte
Hoch auf dem turme wo die raben schauernd lagern
Ich schaute nach der panzer nach der lanzen blitzen
Verloschen einst als in des morgens jungem lichte
Der schar voran Er feierlich gen osten zog .

So trübe tage lebt ich unter stillen thränen
Zum Heiland hob ich klagend oft die bangen blicke:
O möcht ich nur wenn fürchterliches schicksal käme
Mit kühlen händen ihm der wunden feuer lindern
Mit frommem kusse ihm die müden lider drücken .

O Herr! zu tod verzagen würd ich wenn nicht heut
In ostens sanftem licht die hellen panzer strahlen
O Herr! doch möge sanft sein tod und meiner sein .. «
Ein horn .. und lanzen glühen rot im morgen - blut ,
Da sank sie sanft den mägden in die frommen arme .

CANDIDA

Beten wird er wol in stiller klause
Und meiner denken — lüge ist es
Dass er tobe wie die heiden
Dass er in kampf- und lustgezelten
Das schwert in wildem tanze schwinge.

Verworfen mag er wol nicht sein
Der einst so sanft die lippen küsste
Mir, so sanft dass es den eltern
Sünde deuchte, dass sie streng beschlossen
Zu meiner schwachen seele heil

Eines klosters sanfte ruhe..
Doch dass er tobe wie die heiden
In sünden, das muss lüge sein —
In stiller klause denkt er mein
Und ich hör ihn — und er betet.

NINIANE

Merlin lass die zauberwerke
Merlin lass die böse kunst.
Lass auch der gebete brunst,
Ich lade dich zu fleisches mahlen
— Gott muss über satan siegen.

Merlin, Merlin komm zum mahle
Meines fleisches rosenduft
Ruft dich aus der höllengruft
Ruft dich aus des himmels sehnen
— Ich muss über satan siegen.

Merlin komme! Merlin raste
Süfse ruh in meinem schofse,
Mein mund erteilet schicksalsloose
Merlin meine blutigen lippen..
— Über Gott und satan wirst du siegen.

CAECILIA

Der glocke sanftes lied verscholl in abendstille
Und fromme träume ruhn in domes hallen.
O leise dass ich nicht das hehre schweigen störe!
Nicht wecken will ich auch der orgel schlaf — nur träumen
Von einem reinen bräutigam — nur träumen.

Ich spiele sanfte psalmen-weisen wenn er kommt,
Er hat doch lilien in der hand — und ach die füfse
Die hände bluten — o wie leise ruht sein aug
Auf mir! die hände bluten, er hält weifse lilien
Und krone zepter purpurmantel — wär er könig?

Ein junger priester steht er am altar — nicht dieser —
Vergieb o herr! nicht dieser · lilien muss er halten..
Ihr finger bebt — ein klang.. und tausendfach erdröhnt
Des schweigens zorn — und zitternd steht sie da und weifs nicht
Ob Gott erzürnte weil sie träumte. leise träumte.

BASILEA

Vom meer in sanftem bogen steigt die treppe hoch und breit
Lorbeerbäume und zipressen ragen zur terrasse
Schweigen auf dem meere, stiller schlummer in der au,
Feierlich die morgensonne in des ostens grau —
Stumm und hehr auf hohen stufen schauet sie zum meer.

Segel nahen, gondeln wiegen sich und schwäne träumen.
In der waffen freude krieger durch die felder ziehen.
Krieger schiffer nahen und umstehen die terrasse
Stillgebeugte häupter harren auf der herrin wort.
Stumm und hehr gen osten hebt sie ihre hand.

Rennen waffentosen, schwäne fliehen, schiffe eilen
Fern im osten schon von kampfesbrausen dröhnt die luft.
Krieger fallen, schiffe stranden — wess sieg die schwäne singen?
Feierlich die morgensonne strahlt in ostens rot
Stumm und hehr auf der terrasse schauet sie zum meer.

DIE TÄNZE

I. HELLAS

Auf stufen die steigen zu tempels pfeilern
Tanzet zur freude der göttlichen Hellas
— Jakchos und Iris Kybele und Pan —
Die freude des lebens die schönheit der lust,
Die worte die schritte das mafs.

In wollust in wonne das lied ist verklungen,
In schwarzen augen wohnt feuer der Hellas,
In augen voll traum -- die tempel zerfielen
Die hallen verstummten, auf gräbern nun lies:
Die worte die schritte das mafs.

Doch Kronos der sieger besiegt nicht das leben,
In faltigem kleide schwing wollust des leibes,
Du tänzerin, ewige freude des traumes!
Wir lesen in marmor für ewig geschrieben:
Die worte die schritte das mafs.

II. GALLIEN

In eichen im traume
Die all-götter leben.
Die frommen priester in weifsem gewande
Sie wandeln und singen
Die mistel zu ernten.

Die farben die augen —
Der glut-wein im becher.
Uns hat im herzen die freude verwundet.
Wir sterben und leben
Mit lieben und spiel.

Zum tanze zur freude!
Es reizet die helden
Die nacktheit der leiber in scherzenden zierden —
Die scherzenden helden
Zu wonne und tod.

III. GERMANIEN

Schwingtag der freude singtag der lust!
Am flusse gelind wie die reigen sich winden!
Im haine das schweigen der birken und weiden.
Das rieselnde wasser die helle der mond
Und auf den gefilden nebelt ein traum.

Das lied ist vorüber, die freude verschollen,
Es kamen in herbstbraunen mänteln gewandelt
Durch saaten und blumen die mönche mit kreuzen,
Sie haben den reigen im walde verjagt,
Am baume des lebens genagelt das kreuz.

Es trauern die lande der tanz ist verstoben —
Und stirbt von dem nagel im herzen die eiche
So stirbt am kreuze das land — nur wenn wachsend
Die eiche das kreuz zerdrückt hat so dämmert
Von neuem schwingtag der freude singtag der lust.

IV. ARABIEN

Sand und himmel und feuer die weite..
Es drängen der hohen kameele schritte.
Hoch sizt der meister in weifsen gewanden,
Die flöte singt freude erneuerter fahrt.
Verschleierte schönen umnebelt ein traum.

Quellen und datteln. die rast ist hier gut.
Die tiere knieen, die zelte sich reihen,
Es staunet der stamm um den meister gelagert
Zum tanze der frauen in wollust und scherz —
Doch welche in freude der meister wol schaut?

Zur ruhe zum schlafe! das mahl ist vorüber.
Die sonne gestorben in feuer und blut —
Vorm meister allein in behender zierde
Die nacktheit der schönsten sich schaukelt und schwingt
Den dolch in der hand und im auge den brand.

V. INDIEN

Tief zu sinnen priester krieger raste hier!
Wie der Ganges stolz und ernst zum meere schreitet
Grofser vögel flügel sich gelassen schwingen
Also geht das leben und vergeht — hier raste.
Lerne dass die ernte nicht die arbeit lohnt.

Viele mühten sich mit raschen schritten schon
Doch vor allen nah dem ziele langt der tod.
Ringen ist umsonst, nur leise schwermut frommt,
Schau in dir das schauspiel deiner selbst sich spielen,
Raste hier die lotosblume pflückend, träumend.

Tanzet ernste schritte voll der freude aus euch selbst
Denn des lebens hehrste fülle quillt euch ewig.
Kommt und rastet, schaut die schritte, träumet, denket
Wollustvoll des lebens schönheit zu geniefsen.
Erntet liebe in dem spiegel-flug der zeit.

HEIMKEHR UND FAHRT

I

Lasst die städte schlafen lasst die schätze ruhn!
Fahren will ich heut auf weiten meeren.
Zu den rudern meine sklaven! hoch zu mast!
Schlagt die wellen lasst die lieder schallen,
Lasst im wind die goldgestickten segel wallen.

Wir erobern keine lande . fahren fahren!
Ruf ich zu den schwertern: zuckt das schwert
Ob der schönheit der gestalten , nicht zum kampfe.
Heut will ich hinaus zu besserem streite
Und mit liedern fahren in die weite.

Fahren! lasst sie rufen in den städten
Lasst sie weinen! segel blähn sich schon im winde,
Hoch die weiſs- und goldgestickten segel!
Wo mein wappen glänzt und wo ich reite
Blanken schwertes stürmend in die weite.

II

Nach den häfen nach den weifsen städten
Geht die fahrt die frohe fahrt.
Ruderschläge schifferlieder ziehn.
Bringen furcht in schilf und aue
Und die grofsen reiher fliehn.

Und der strom und die kanäle
Ziehn unendlich durch die ebne.
Pappeln flüstern und das stille rohr
Und die frommen hütten schaun hervor
Staunend nach den weifs- und goldnen segeln.

Aller länder städte mit den kuppeln
Den terrassen und den türmen
Starren an den frohen zug
Und der könig steht beim hohen maste
Träumt noch von der reiher weitem flug.

III

Betritt die wüste, königin der wüste!
Leg dir die binde um das haupt
Umhülle es mit goldnen falten
Und lass mit sonnen glut und strahlen
Der nackten brüste blumen spielen.

Steh unterm sternen-baldachine
Auf hohem grat des elefanten
Beim könige — du herrin meiner sinne,
Du herrin meiner augen meiner wünsche —
Wir fahren stolz und frei in unsre wüste.

Kameele schreiten elefanten traben
Im sonnen-gold durch heifsen sand
In schweren schritten ernst besonnen —
Frag nicht wohin sie gehn wohin wir schreiten..
Sieh dort die götter uns den weg bereiten.

IV

Heilges land wo nur die tempel
Unsrer hehren götter stehn
Wo in ewiger festes-stille
Durch die grünen heiligen haine
Feierliche priester gehn.

Und die götter deren tempel
In der bäume frieden ragen
Sind die starken sind die guten
Die der wollust die der fülle
Lebens liedes und der liebe.

Schweigend zieht die karawane
Durch gesegnete gefilde
Breiter stiere feierschritte
Grofse schwerbeladne wagen ..
Wohin sie fahren fahren ..

V

Ich ritt allein — mich trieb es fort, das schicksal rief,
Durch waldesrauschen eilt ich schweigend eilt ich sinnend,
Da stand unendlich hoch und weit der dunkle wall,
Der wald ward friedlicher und freundlich ernst
Und staunend vor der dunklen pforte macht ich halt.

Aus stein ein starres götterbild sprach sanft zu mir:
So kommst du stürmender und friedeloser doch.
Ich harrte dein. tritt ein zu ruhn und schliefs das thor,
Denn wenn du ganz den kelch geleert von freud und leid
Gesang und sehnen sturm und fahrt so schliefs das thor!

Wenn du das leben ganz gelebt ist alles wol.
An allen bechern und an allen lippen trinken
Ist leben nur und thatest du's so ruhst du gut.
Du hast gelebt — die ahnen schlafen hier gelind
Und ruhen darfst du nun wie sie die leichen sind.

WIE EIN EDLER SÄNGER SANG UND WIE EINE SCHÖNE DAME DARAUF STARB:

IV 1-2

Ein edler sänger kam von fern
Mit seiner drei-saitigen leier —
Er sang das lied das so sanfte
Er sang das lied das so schöne
Auf seiner drei-saitigen leier.

Er kam zu dem lilien-garten
Mit einem schloss in der mitten
Mit einem schloss ganz weifs und schlank
Von einem schlafes-see umrahmt
Wo schwäne ziehen still und sanft.

Und auf der weifsen schwäne stolz
Und auf dem schlosse blank und schlank
Inmitten lilien und see
War keiner sonne übelthat
War nichts als eine lichte blässe
Von immer gütgem mondenstrahl.

Die dame die am fenster stand
Sie war so schön und weiss und klar —
Und freude kam den sänger an.
Er sang das lied das so sanfte
Er sang das lied das so schöne
Auf seiner drei-saitigen leier.

Und süſs und leise ging sein lied
Die klare dame hörte zu
Dem leisen lied dem sanften lied.
Ein schwaches lächeln (weiſse lilie)
Schien wider ihr im feuchten blick
Da — reiſst eine saite seiner leier.

Der edle sänger singt und weint
Das aug in dem auge der dame
Sein traurig lied sein leises lied
Mit seiner zwei-saitigen leier.

Die weiſsen lilien weiſsen schwäne
Breiten sich im mondenstrahl.
O traurig leis und sanftes lied
Von thränen in der dame auge
Von thränen in dem klaren auge
Und — es reiſst eine saite seiner leier.

Mit einer saite auf der leier
So schwach und schwanke sängerin
Dehnt sich sein süſsester gesang
Und weinet hin sein trüber sang
Und weint und lacht sein bester sang
Empor zum monde trüb und bang.

Die schwäne singen auf dem see
Der lilien tod im garten.

Die schwäne und die lilien starben
Und seine letzte saite brach.
Die dame an dem fenster sank
Die dame mit den lilien sank
Wie eine lilie blank und schlank.

Der sänger aber zog von dannen
Mit keiner saite auf der leier.
Er zog von dannen trüb und schwer
Er zog die lande kreuz und quer
Und niemals sang er mehr.

GEISTIGE KUNST

> Wir wollen die geistige Kunst
> Bl. f. d. K. I. 1.

II 4

Diese worte sollen für diejenigen gelten die einen abscheu empfanden am tage wo das zwanzigste jahr sie aus dem land der fabel in die lebende wirklichkeit versezte . trotz der schulmäfsigen umhüllung leerer rednerei hatte der schauer vor der geahnten pracht des Altertumes unsre vor bewunderung bleichen stirnen gebeugt, und als wir kühn den göttlichen formen zueilen wollten stiefsen wir uns an dem leichnam der jahrhunderte . eine ganze fratzenhafte romantik und ein schwächliches epigonentum bewegte sich ohne rhythmus um unsre jugend, und als in den strafsen und auf den öffentlichen plätzen grobe naturen uns eine verkehrte welt als wirklich hinstellten die der barbarische irrtum ihrer augen ihren [ungebildeten seelen eingab: da ergriff uns traurigkeit, und einige verloren den mut.

Aber für andre erhob sich durch thränen hindurch eine morgenröte . überm meere drüben hatten die Præ-rafaëliten wieder die lebende und schöne göttlichkeit der formen auf den thron gesezt . es sangen noch dichter in Gallien . und solche unter uns die in sich kraft fühlten ergriffen den stab frommer pilgerfahrten .

Sie lernten viel. aber bald drang in sie die sehnsucht nach den dennoch schöneren väterlichen gestirnen. der magische fingerzeig Zarathustra's wies ihnen den harten ruhmreichen und einsamen weg. und als an den glänzenden thoren Goethe und Platen die heiterer gewordenen seelen der rückkehrenden begrüfsten verbreitete sich in diesen die ruhige freude und sie fühlten in sich die stärke das WERK zu schaffen. mehr als die leuchtende grazie der Præ-rafaëliten und die schmelzende klangeinheit der französischen dichter begeisterte sie ein mann der aufmerksam den einklang des weltalls beobachtete und den ein wunder aus dem blut seines geschlechtes erstehen liess: Arnold Böcklin. sie fühlten sich als spätgeborene brüder des malers und sie begriffen das steile und stolze ziel: durch den klaren und nie entstellten rhythmus ihrer gedichte gleich-strebende träume auszudrücken und bald wagten sie mit ihren schöpfungen aus dem dunkel hervor zu treten.

Folgendes ist vielleicht was die neuen ankömmlinge wünschen die dem grofsen haufen das recht verweigern auf ihren wappenschildern irgend welchen anmafsenden wahlspruch zu lesen: in den prismen ihrer seelen das grofse und tiefe leben wiederzuschaffen, das immer schöne und harmonische leben. sie wissen dass alles lebt, sie wollen das schreckliche leben der felsen begreifen und erfahren welchen erhabenen traum die bäume verschweigen. sie wollen die heilige schönheit der linien und mit dem lichtglanz der gedanken die vollendung der form. das leben ist schön da es göttlich ist. sie wissen dass es lästerung wäre das himmlische feuer dem hässlichen zu leihen das nur tod und verwesung ist. sie wissen dass der blinde Oedipus oder der von Apollo geschundene Marsyas oder der gequälte Prometheus grofs und schön sind wegen ihres unendlichen menschlichen schmerzes der frei ist von linie- und formzerstörender entstellung und verzerrung.

Und nun stehen wir vor wesentlichen worten, armen worten jedoch die wie ein schleier über soviele zeitgenössische mittelmässigkeit geworfen wurden..

Mystizismus und Symbolik.

Fühlen leben das furchtbare leben der welten, das einfache leben des alls, die seele die in den augen der jungfrauen schläft und die im entsetzlichen geheimnis der felsen ruht — das strahlende geheimnis der dinge fühlen, darin leben und dann mit bewegter und von unsäglichen freuden zitternder stimme es stammeln — es mit bebender hand festhalten: Mystizismus.

Und dann unter allen bedeutungsvollen dingen das herauswählen das den gröfsten und schönsten teil der schwingenden seele enthält, das die andern in seinem tieferen wesen wiederspiegelt und das sich durch seine vollkommenere form am meisten der unbedingten einheit, dem höchsten traum nähert — diese dinge mit klarer schöner und sogar am abgrundsrande unerschütterter stimme sagen (weil man jenseits des abgrunds sich selber als den gott fühlt den man freude-geblendet anschaut): Symbolik.

Denn man täusche sich nicht: die stimmen der glocken durch fluten von aufsteigenden gleichlaufenden linien zu malen dies ist eine kindliche spielerei und mag den malaischen malern gefallen, oder um das leben des waldes darzustellen die bäume als himmel-ersteigende riesen zu behandeln, um das leben einer dampfmaschine auszudrücken sie keuchend wütend lärmend und hustend zu zeigen, das ist leicht aber unangenehm naiv, und das mag den häuptern und gliedern der naturalistischen schule behagen. aber nenne man diese oberflächlichkeiten nicht Leben, Mystizismus, Symbolik.

Man darf den dichtern die sich hier vereinigt haben nicht die leeren oder unvollständigen namen Mystiker und Symbolisten beilegen, denn das wollen sie nicht mehr sein als die klassischen meister es waren . allein der name künstler genügt und passt ihrem geringen stolz . eine reine klangvolle strenge und schöne sprache ohne irgend etwas von dieser leichtfertigen und zerfahrenen weise die heut im schwung ist . kein dunkel kein wirrwarr, die kräftige schönheit, die feinheit ohne kränkliche verziertheit, das ist was die neuen dichter erstreben . fern liegt es ihnen dinge und ereignisse zu beschreiben — ihnen heifst es nur: hervorrufen und einflüstern mit hülfe wesentlicher worte . sie werden keine erfindungen machen, gesellschafts-fragen lassen sie kalt, die menschen sind für sie von geringem interesse, denn ihre aufmerksamkeit richtet sich auf den menschen und glaubensbekenntnisse haben für sie nur durch den darin eingeschlossenen schönheits-gehalt einen wert .

Sie sind keine sittenprediger und lieben nur die schönheit die schönheit die schönheit .

KARL WOLFSKEHL

Aus ULAIS

I

Zum klaren berg der blauen seligkeiten
Vergessne müde pilger schreiten
Die pforte schloss sie pochen pochen.

Verlorner töne himmlisch sehnend schweifen
Schlingt sich um sie in elfen-zauberreigen
Sie pochen pochen.

An ihrem leibe fremde gluten rinnen
Der berg der seligkeiten strahlet innen
Sie aber pochen pochen.

II

Mein schwert mein schwert wer badet dich rein!
Dort rüsten sie das fest im hain
Die holde winkt es flutet der wein.

Es ist nicht blut o wär es blut
Das dich befleckt ich hiefs es gut
Sieh ihre schwester blinken!

Es ist nicht rost du kennst nicht ruh
Mit flammengierde kämpftest du
Doch nimmer magst du blinken.

Das treibt mich fort von fest und schmaus
Von freundes seite hinaus hinaus
Bis meine glieder sinken.

Mein schwert mein schwert wer badet dich rein!

OSIRIS

Strenger Gott mit segenträufelnden händen!
Ährenzeugender flutenherr wir spenden
Schalen und düfte aus fernen schönen geländen
Halt uns fürst mit den lebengebenden händen!

Sieh wir dürsten o herrscher sieh wir darben
Zehrende gluten würgen und viele starben
Alle trauern wir bang in des todes farben
Hilf o Mächtiger gnädig sieh wir darben!

Sollen wir frauen dir weihen und lockige knaben?
Dein ist ja alles Gütiger was wir haben —
Kühlung gewähre und schatten uns zu laben
Dass die mädchen herrlicher blühn und die knaben!

Dass nicht dein garten dorre dein tempel falle
Dass auf ewig dein goldenes lob erschalle
Wahre dich — oder der tod vernichtet uns alle
Wahre dich Herr dass nicht du und dein reich zerfalle!

NÄNIE.

Bebend lauscht er mohnes-güsse
Fliefsen auf die weifsen glieder
Dass er heute sterben müsse
Singen ihm die quellen wieder.

In den pinien das rauschen
Schwebt heran auf schwarzen schwingen
Weifse mäntel drüben bauschen
Und die fernen saiten klingen.

Milde lieder fromme laute
Labet ihn mit linden schatten
Streuet rosmarin und raute
Todesblumen um den matten.

Meister eile ihn zu krönen
Schlinge ihm die purpurbinde —
Dass auch um die stirn dem schönen
Eppich sich und flieder winde!

ADONIS

III 1

Um schlanke glieder schwanken lichte blüten
Gebogne ampeln deine schlummer hüten
Ein roter mantel deckt verborgnes grauen
In denen träumerische gluten glühten
In deinen augen schwer vom kuss der frauen
Die lezten blassen finsternisse thauen.

Vor deiner zier die lieblichen epheben
Die greisen büfser müde arme heben
Zu deiner bahre dringt kein ruf der schaaren
Nur einen weifsen falter seht ihr schweben
Er schmiegt sich zitternd deinen weichen haaren
Er fächelt und er schmeichelt lind den klaren

Und welkt. den die Geweihten schweigend loben
Adonis schied die wilden gluten stoben
Adonis wandelt aus den lichten hallen
Den schleier hat er von dem sein gehoben
Vom baum der erde ist die frucht gefallen
Zum toten herrn die bangen heere wallen.

Im weiten haine wogt das trauern
Das wehe stöhnen pocht an weifse mauern
Durch alle reihn verhüllte schrecken schleichen·
In allen häusern schwarze schatten lauern
Im opferrauche will die lust erbleichen
Vom leben trunken will das leben weichen.

ERINNERUNGEN

Wo sich die späten reigen runden
Im klaren saale fiel der thau
Wo sich die späten reigen runden
Aus schwülen sonnenschwülen stunden
Quoll kühlend das ersehnte blau.

Die tagesmüden schatten steigen
Erzitternd im geborgten glanz
Die tagesmüden schatten steigen
Die lebensroten lieder schweigen
Die königin befiehlt den tanz

Ihr naht in zagen und in klagen
Geflohn aus trüben traumes rast
Ihr naht in zagen und in klagen
Aus purpurbächen elfenhagen
In des gedenkens banger hast.

Von lichter stirne glitten schleier
Ein lächeln lauscht ein scheiden bebt
Von lichter stirne glitten schleier
In mattem schein erstrahlt die feier
Die ihr aus duft und wolken webt.

DITHYRAMBE

III 1

Golden und trüb um schwarze gestade
Sprüht ihr im rauche sühnender lieder
Wangen schmieget euch heiligem bade
Schwarze gestade
Bebt ihr im reigen singender glieder.

Thäler der stille banget dem hehren
Heil dir Dionysos! brich das reis!
Bändiger Endiger wonne der lehren
Jubelt dem hehren
Fachet die gluten und schlinget den kreis.

Dunkel im brande ruhen im rasen
Hüllen fallen Du bräutlicher werbe
Kränz uns in küssen! alle genasen
Ruhen im rasen
Berget uns flammen: weiſs strahlet das erbe.

TRAMONTA

III 2

In deinen augen schwammen die weiten
Im roten wallen wiegte sich glanz:
Im wehen schwoll der duft der zeiten
Vom altar hoben wir den kranz.

Wie zittern milde die fernen strahlen
Dem schweigen lauschet dem schweigen lauscht!
Zum grofsen opfergrufs im fahlen
Dämmer der stille banner rauscht.

AUS DER GROSSEN WÜSTE

IV

III 3

Dürft ich durchs schweigende wasser streifen
Gebrochenen augs im schwarzen nachen
Der grofsen stille becher greifen
O gäb es kein erwachen!

Kein harren fragen flammend ringen
Kein opfern am entweihten stein:
Botin mit mohnbetauten schwingen
Wann rufst du mich zum reihn?

V

Mir war so bang und wie ein wehes raunen
Glitt leise durchs gemach der dolden hauch
Zitternd entsandt vom weifsen fliederstrauch
Und in mir wuchs ein staunen.

Ein grofses staunen das mit bleichen lippen
Die stirne küsste die der duft umspült
Wie wellenschaum die nachtgehüllten klippen
Mit todesküble kühlt.

»Aus ihrem bunten haus ist sie gegangen
Erschlummre nimmer da die milde schied..«
Das bleiche küssen streifte meine wangen
Als wie ein leztes lied.

AN MEINE LAUTE

Aus sternengold in heiliger nacht geschlagen
Mit späten kränzen träumerisch geziert
Genezt mit tiefem duft betaut von klagen
Birgst du die wunder die der tag verliert.

In keuschem harren heimlich buntem spriefsen
Ruht leben dort und tod in wirrem bund
Die herrin träumt im rebengrünen rund
Verderbens blumen blau im qualm der wiesen.

Erlösen darf ich deiner seele schwingen
Der unsre sonne glanz und klang verliehn..
Hör ich nicht schon das leise liebe singen
Vom weifsen säulenhof herüberziehn?

IM KREUZGANGE

III 3

Zum feierlichen amt geweihte schreiten
Die sänge dröhnen dumpf: » in ewigkeiten
Gelobt gelobt... » geschmückte kerzen gleiten ..

Der schwarze zug verschleiert in gebeten!
Darf sie im kreis der schwestern vor dich treten
Der lenz und nacht den weifsen kranz verwehten?

Darf heut ihr auge ruhn auf deinen wangen?
Der gestern alle nachtigallen sangen
Darf sie bei des altares lilien prangen?

Im heiligen rauch verhauchen leise schritte
Die schwestern knieen: erhör der bräute bitte
Ist eine sünderin in unsrer mitte

In glut vertilge sie... die dämpfe wallen
Aus goldner weite weht ein lichtes schallen:
Die sünderin erheb ich ob euch allen

In grofser liebe durfte sie gesunden
Die himmelskrone hält ihr haupt umwunden
An ihrem leibe strahlen meine wunden.

HERODIAS

III 4

Den bleichen finger hebt er und lacht im hohne
Die toten blicke starren und klagen mich an
Sie raunen vom schauernden hain und vom knospenden lohne
Von küssen und küssen und schwarzer todesbahn.

Sie raunen und lachen und ob ich die lippen schürze
Tief tief im schachte des lebens bettet sich qual
Und ob ich mit schläferndem gusse den becher würze
Ins dickicht der träume dringet der richtende strahl.

Vernehmet alle: der heilige ward geschlagen
Um meines hasses willen verstummte sein mund
Um meiner liebe willen liefs ich ihn schlagen
Um meiner gluten willen erblasste sein mund.

In seinen locken schlummerten meine gnaden
Licht glänzten die lieben wenn er zur frühe schied.
Nun wird nimmer sein sehnender sang mich laden
Nimmer nimmer harrt er im lauschenden ried.

Aber die blicke drohen... wohin ich schreite
Flimmert der locken wehende goldene flut:
Deine arme Segnender Sühnender breite
Dein ist der sieg du herrlicher! blut um blut.

DER PRIESTER VOM GEISTE

III 1

*Aller lande gehäufte garben laden
Aber du neigest die stirn und lächelst lange*
Blätter f. d. K. Zweite Folge

Und lächelst lange? denn wie mochtest du heischen was sie dir boten, das mögliche wollen, gewiss der vollendung — die hand austrecken nach dem erreichbaren: bist du ein handlanger? von neuen schmerzen tauten deine lider: kein vergebliches sehnen dass dir die reiche huldigten. beleidigte deine seele. also dass sie müde ward und in ihren vesten schlummerte. aus kraft wurdest du unkräftig, weil du dich nicht überwinden konntest, zerschelltest du träumend deine waffen. immer ja will das höchste über sich selber triumphirend hinausschreiten: jeder gipfel will abgrund werden einem neuen gipfel. wo aber rauchte der brand in den versinkend du dich gebären konntest? lange hatte man dich gelehrt, du seiest tempel zugleich und beter: kein ziel sei so hoch, kein weg so weit — du seist das ende allen wanderns gleichwie sein anbeginn, du selbst seist das band, nach dem deine stirne bange. du hattest gelauscht und dem raunen neigte sich dein ohr: du zogest aus im glücke des suchens und die schauer des unbekannten kühlten deine schläfe. mühevoll dünkten zum beginne dich frohen die pfade, nimmer zu fassen das lockende ziel und stolzer hob sich deine seele, denn in ihr brannte die lust zum ungeheuren.

Seliges sehnen verschwundener tage! wehe dass ihm erfüllung ward!

In scham und dumpfem weh versiegte das vertrauende wagen da der sieg errungen war. der leichte sieg! ein spiegel war dir alles sein geworden und siehe du lachtest. du lachtest wie nur ächzender überdruss, schmerzliches grausen je lachen kann. kleines ziel! kleines ziel! also tönten deine lippen, deine seele aber blutete, du hülltest dich in den stolz deines leides, du achtetest dessen nicht. und die blutflamme strömte dahin durch die weiten, sie loderte zu deinem himmel empor und verzehrte die matten zu deinen füssen, also dass der spiegel schmolz und dein tempel wankte. da war es als fiele eine fessel von dir ab, du blicktest auf von der stätte deiner trauer: und im purpur des untergangs strahlte dir ein neues erstehen ein namenloses glück hob mahnend seinen finger. wer mag des genesenen wonne ermessen? wie eines trunkenen bebten deine lippen und deine hände hoben sich in segnender lust: anbeten, preisen durften die seligen. eigne flamme hatte dich geläutert, du selbst hattest das ziel gefunden, das unerreichbar stets erreichte. ihr eignes leben musste deine seele hingeben, auf dass sie leben könne, leben im reiche des wirklichen, im lichten saale der vereinigung: der küste zu der nie ein einzelsein gelangt, die dennoch nur einzelseins strahlung ist. im ringenden sehnen nach diesem lande, im hegen und erweitern seiner grenzen und goldenen gaue, darin fand deine seele ziel und lohn für alle zeiten. wie leuchtet nun ihr jugendlicher blick wie rüstet sie sich zum streite und bebt in kampfesgierde! ihre sehnsucht wandelt gleich einer sonne über die gefilde, wie ein frühlingsregen weckt sie die geister des haines, nimmer aber erschöpft sich der born der lust. ohne ende entquellen die ströme harmonischen wirkens der neuen schale. verschwunden ist alles tagessagen: weggefegt die ängstliche eigensucht, die immer am vergänglichen klebt und jedem werden abhold ist, die kleinmütige! ein neues priestertum ist erstanden ein neues reich den gläubigen zu künden. brausend fühlt die seele des schaffens, des echten schaffens unaussprechliche wonne. da zeugt jeder glücksgewinn ein kühneres hoffen: nur ein meilenstein zum weiterschreiten mahnend dünkt jeder sieg, ein jubelndes vorwärts ist alles erringen. der pfad zum leben ist gefunden, der heilige weg, auf dem jeder schritt ist gleichwie ein triumphgesang. nicht blofs sich zu retten aus dem dumpfen zucken des allseins heischt fürder der wille des einzelnen: tief ekelt ihn des schnell erkämpften preises. sehend zu werden hat seine seele wiederum sich hingegeben, aber nicht in den gestaltlosen schlamm zurück scheuchte sie ihr leid, wie dies ehedem geschah: als opferrauch loht sie nun empor, aufwärts zum reich der reiche.

BETRACHTUNGEN

I
Oft neigt sich der adler des Zeus sterblichen zu — ein Ganymedes doch erhebt auf ewig sich zum glanz des olympos.

II
Wie mag der schaffende ein erkennender sein? Mannesmacht und weibeswählen sind die pole der welt.

III
Ein atmen in ihrer zukunft: die falter ungeborener lenze haben ihre stirnen geküsst: Shelley, Novalis.

IV
Mit dem epheukranz in den locken wollte er gebete stammeln und siehe: sein mund verwirrte sich! Hölderlin.

V
Die durch ihr sein im sein beschränkte einzelform des lebens: dieses einzig ist der tragödie gehalt wie der komödie. Dort aber rauscht des bezwungenen einzelwesens wollüstiger schmerz — hier lezt der genius der gattung sich am armen gefangenen der zähem netze zu entrinnen trachtet.

VI
Durch zwei pforten schreitet er aus seinem hause. eine strasse führt ihn zum gestaltlos dumpfen sein: zum TEMPEL leiten des anderen pfades lichte stufen. sein selbst aber zerrinnt hier und dort. thoren die ihr im kunstwerk ein bekenntniss erblicket!

VII
Gehört euch voll an, denn ihr müsst euch ganz verlieren. weihet euch zur feier der fülle.

VIII
Ein altar ist die jungfrau, auf dem sich alle spenden läutern. jungfräulich ist echte kunst, in sich geborgen. keiner ist dem sie diene und alles geschehen verklärt ihr licht.

ÜBER DIE DUNKELHEIT

> III 5
>
> Aber die menschen liebten die dunkelheit mehr
> als das licht.   (Evangelium Johannis)
> Das macht so schön die halbverwehten klänge
> So schön die dunklen worte toter dichter.
>   (Hugo von Hofmannsthal)

In dämmernde tiefe verliert sich unser suchen das der begriffsbildung ursprünge zu entdecken trachtet. nur dass sie in gleichnissen redend sich enthüllt, dürfen wir erkennen. gleichnis, sinnbild ... umformung, schöpferisches erfassen auch da wo wir nur festzustellen nur aufzuspeichern scheinen. und in jedem überlieferten begriffe wie in der lautform die ihn birgt strömt unser eignes leben: er ist unseres blutes kind und wie er unsrer tiefe entspross also lebt er sein eigenes sein.

Wie kommt es dass die menschen sich verstehen? dem gemeinen tages-verkehr und seinem derben bedarf genügen näherungswerte die gleichwie schlechte münze von hand zu hand gehen. aber das innerliche, geheimnisvolle miteinanderleben das die gemeinschaft zweier seelen zu einer schauerlich und schönen wallfahrt verklärt? aus den fernsten schachten des lebens strömen die quellen in deren spiegel sich die verwandten geister erkennen: im dämmern in den schauern eines geahnten entzückens wird der mensch dem menschen offenbar. nie ist unter heller sonne geweihter bund geschlossen worden. genossen mag die gemeinsamkeit des kampfpreises schaffen, gefährten kann der wandrer finden auf seinen pfaden — nimmer doch sind auf der heerstrasse oder selbst durch waffenbrüderschaft die seelen zusammengeflossen.

Und wie nur im heiligen geheimniszitternden dunkel zwei seelen sich erkennend ins auge blicken: also sucht unser sehnen allezeit ein anderes als das die sinne unserm bewusstsein vortäuschen wollen.

Schöner dünkt es uns verborgenes gut zu ahnen als in offene truhen zu greifen. schöner heiliger wissender. denn wie in den mären des volkes alle herrlichkeit schal und grau dahin welkt wenn sie der wissensichere der thor beschaut, wie uns die weisen aus den ländern des aufganges lehren dass nur liebender hingabe das göttliche sich entschleiert: so wissen wir dass die herrin der schönheit nur im dämmer ihren reigen winkt. und wie wollten wir leben wenn wir nicht den reigen schlängen?

Wie anders liefse sich die düstere wonne deuten mit der wir den geheimnisvoll kargen liedern der völker lauschen? so aber einer aufstände und seine hand reckte und fragte: ist der goldene Gott nicht die quelle des seins? webt er nicht ein strahlendes netz von perlen um das all das nur aus seiner hand das leben empfängt? warum lieben denn die menschen mehr die finsterniss denn das licht? zu dem spräche ich also: sieh hinaus in die halden wie sie zitternd atmen im grofsen mittag! wie alles lebendige scheu kauert und Pan's atem über die fluren weht! wie alle farben sich lösen alle düfte ineinander fliefsen zu einem weiten weichen wallen. das sein hat gesiegt über das wollen und da Er seine stunde feiert entschlummerten sie alle die im reigen sich erkennen. der vater der herr vor dem nichts bestehen kann. siehe aber! er lächelt und sein antlitz senkt sich auf die flöte dass ihre milden süfsen weisen die mutter rufen. da schreitet sie hin die heilige und ihre schleier hüllen den herrn also dass die flammen seiner schrecken erbleichen und die kinder erwachen und wie im traume blüten auf sich streuen. blüten, küsse der mutter, die ihre arme breitet und segnet. wie sie eilen und jauchzen und in goldenem jubel sich bei den händen fassen und sich heiligen. alle fesseln fielen. alle die formen, alle die farben freuen sich der eigenen pracht, die doch Einer mutter kinder froh sich wissen.

Heiliges dunkel, heilige nacht, da du auf unser selbst uns weisest, fühlen wir stolz und schaudernd in uns die blüten alles lebens prangen. was das wissen von uns selber reicher und tiefer bildet. das schweigende geheimnis schwerer worte und ferner klänge, das lässt von allem fremden leben die hüllen fallen. nur wenn wir uns erfassen erfassen wir das all. Pan aber, das grofse licht, löscht alle einzelflammen.

So mag es kommen dass alles wissen der welt uns nimmer das grofse erkennen schenken kann. dass ein gerizter stein, dass arme runen die wahrheit bergen die keinem unsrer weisen aufgegangen ist.

So mag es kommen dass unsre heiligtümer tief drunten im dunklen hain sich erheben — dass unsre feste an den schweigenden wassern in die berauschte stille des sternenhimmels klingen.

So mag es kommen dass die lieder der liebenden mit dem nachtwind zum altane ziehen — dass wir in seinem rauschen die fülle wiederfinden die der tag uns geraubt hat.

Zur mutter flüchten wir mit weinlaub und roten tänzergewanden — zur mutter eilen wir mit fackeln und den rosen der wonne. wo unser selbst sich heiligt da sind wir ihr nahe, der lebengebenden, die dem grofsen Pan uns geboren hat. der erhalterin die vor dem grofsen Pan die kinder segnend wahrt.

LUDWIG KLAGES

VORFRÜHLING

Wie dehnt sich weit das land! scheint nicht der hohe baum
Der über uns noch nackte äste reckt zu frieren?
Wie einsam steht auf diesem weiten land der baum!
Wir aber wollen müd an seinen stamm uns lehnen
Und seines rauschens leise stimmen trinken
Wie kalte glut die scholle trinkt.

Hörst du das klare licht durch seine zweige träufeln?
Die ersten blassen knospen streut es zitternd aus.
Ahnst du das laubdach das einst schwüle schatten breitet?
Lass fernen sommers traum durch deine seele fluten
Und lass mich still mit deinen locken spielen
Wie mit den wolken spielt der wind.

Verstehst du diesen wind? aus weiten blauen fernen
Lockt er mit scharfem klang verlorne lenzgewölke.
Ein ahnungsbanger jubel ist in seiner stimme!
Lass eng verschlungen uns sein laues wehen spüren
Lass unsre wangen an einander ruhen
Wie fern am berg der himmel ruht.

III 1

Ueber die weiten wiesen zieht ein staub.
Ueber die fernen berge jagt ein reiter.

Sterne stiegen — aber du sahst sie nicht.
Leuchtende lenze zogen an dir vorüber.
Blütenschauer flatterten um dein haupt.
Sinkende sonnen woben dir goldgewänder.
Bronnen rauschten, berückende düfte wogten.
Aber du flogst hindurch mit seltsamem schauder.
Heimliche angst — es möchte lauernden herbstes
Wesen und welken den rastenden überraschen.
Vergiftete deinen brennenden durst und herzte
Dich mit verderblicher hast. — mit den schatten der wolken
Flogst du hindurch. — was sagt die zitternde thräne?
Was sagt das zucken des schmerzes um deine lippen?

Ueber die weiten wiesen zieht ein staub.
Ueber die fernen berge jagt ein reiter.

WANDLUNGEN

I

Von dunkler klippe über die wüste des meers
Erschwoll ein lied . — aus wolken zürnte die nacht
Zu finsteren fernen wehten die wogenkämme .
Dir troff um die stirn ossianischer stürme ton .
Dir schwankten der tiefe metallene wasser zu .
Dem trunkenen rufe horchte die brandung nur ,
Du träumtest der inseln goldene schönheit nicht .

II

Nun verirrte dein fufs in unerwünschte gefilde .
Dämmrung ringt mit zuckender glut · — die bleiernen bäche
Queren unwirtlichen pfad · unter gellend entfesselten winden
Kreisen im abendgrau der bäume entblätterte kronen .
Lohend bricht aus westen ein schein : o Desiderata!
Käme sie wetterumhüllt dir in den sterbenden feuern
Käme sie leise bang vom schattenhügel gewandelt
Nieder sänkest du ganz · es bräche der stolz dir im busen
Schluchzend rührte dein haupt der göttlichen schimmernde sohle
Thräne die lange erstarrt dem trunkenen würde sie strömen
Selig tief zerknirscht ohnmächtig schüfe das glück dich .

III

Der stille nebel hat dich eingehüllt
Darin das nachtverlorene leben treibt .
Du schreitest dumpf gewohnter strafse nach
Die endlos fliefst · die luft ist leer und tot .
Die sonne starb · sind wipfel über dir ?

Du lauschest bange schwerem tropfenfall
Und siehst aus fernen dünsten dir die hand
Die traurig winkende entgegennahn. —
Wann wird die lezte müdigkeit dich laden?

SALAMBO

I

Von roter wolke stummer pracht umhüllt
So schreitest du gelassenen fusses hin
Das dunkel-volle hohe haupt geneigt
Die wimperschweren lider tief gesenkt.

Dir ward der bleichen lüste traum verwehrt
Des nordens scheue lieder meidend lauscht
Dein sinn entrückt dem goldenen getön
Der kette die um deine schultern glutet.

Und über dir sich die gewölke teilen.
Aus blendend blauer wölbung siegend bricht
Des südens sonnenstrom · zu deinen sohlen
Entbrennt der weiten wüste weifser plan.

Da bebt dein haupt empor · da lodert mir
Des königlichen blickes fremde glut.
Da dröhnt der tuben klang · du hebst den dolch
Den flammenden der mich durchbohren wird.

II

Dein blick der farbendürstend in sich selbst gesenkt
Nach innerer wunder unerwachtem spiele späht.
Erzittert scheu dem länder-schattenden dem rauch
Der ziehenden gewölke · deines dunklen haars
Zu schwerem schwung der linien kaum gezähmte pracht
Wird dieser breiten feuchtem dünste-anhauch welk.
In ungewürdigten gewändern wallst du hier
Wo selten nur in bleichem blau der himmel blüht
Und jedem flammend hellen strahl der donner folgt.
So wende nur den fuſs der heimat deiner seele zu.
In südlichen gefilden wo im sonnenprunk
Die blumen deiner ahnungslosen sehnsucht glühn
Bist du der erdensöhne schönstem ausersehn.
Verlasse mich und meiner kalten träume heer
Und gieb mich wieder weltverlorener traurigkeit
Die mit den stürmen ihre nachtgesänge harft.

III

Wo leuchtender dir die goldenen kelche glühen
In südliche lande bist du hinabgezogen
Und lieſsest mich einsam · hochhin spannte der sommer
Der ewigen wölbung lichterschlossene klarheit.
Der mittagshöhe schweigende gluten sanken.
Du hörtest mich nimmer · prunkende flore kränzen
Die weiten halden die ich betrat umsonst mir.
Der blühende hügel lädt nur den trauernden siedler.
Nun weht mein singen über die sonnengefilde
In silberner fernen flimmernde horizonte.
Ein wandrer wol am stillen saum der heide
Gen abend schreitend horcht verlorenem hall.

AUS EINER SEELENLEHRE DES KUENSTLERS

Die bisherige lehre vom schönen (ästhetik) hat sich gar viel mit feststellung und ausmessung der begriffe: schön und häfslich — aber zu wenig mit dem künstler selbst beschäftigt. dies dürfte vorwiegend die ursache ihrer ungenügenden ergebnisse sein.

Aus diesem mangel folgte in erster linie die unheilvolle überschätzung des stoffs, des inhalts. eine menge geistesenergie wurde an die notwendig ergebnislose arbeit verschwendet das gebiet zu umgrenzen welches allein künstlerischer behandlung zugänglich sein sollte. man hielt sich an die schale und wo eine ahnung von tieferer bedeutung aufdämmerte kamen so unsinnige dinge wie ‚harmonie des weltalls' zum vorschein. wiewohl eine gegenströmung der althergebrachten ästhetik ist der naturalismus mit seiner ‚milieu-theorie und description' dennoch im grunde lezte folge dieses irrtums.

Hiermit eng verknüpft ist ein dritter fehlgriff: jenes ganz nebensächliche an grofsen kunstwerken was durch seinen zusammenhang mit dem religiösen zweckbewusstsein vielleicht am ehesten die gemüter der massen erregte nahm man für das wesen. man machte die schönheit zum sklaven vermeintlich noch höherer werte. man glaubte vom kunstwerk veredelnde wirkung verlangen zu müssen und unterschob dem künstler erzieherische absichten. — so wurde allmählich halb unbewusst die ganze sittenlehre (moral) mit ihren ewig schwankenden mafsen in die ästhetik hinübergetragen.

Schönes und häfsliches zu sehen hat die menscheit erst von künstlern von dichtern gelernt‚.

Mitteilung in einer durch überlieferung und gewohnheit gefestigten redeweise genügt den meisten menschen fast durchs ganze leben und wenn der innere druck einmal ungewöhnlich gestiegen ‚ist entlastet sie ihr jauchzen oder weinen. andere seltenere giebt es‚ ‚zähe tiefbohrer, die nach verkettung aller dinge spüren und in systemen reden, noch andre sehr seltene sind schweigsam und lassen ihre thaten zeugen. die allerwenigsten und das sind die künstler bedienen sich des‚rytmus des tons der farbe und der form um intimste nur wenigen begreifliche geheimnisse zu verraten.

‚Darstellung einer idee' das leistet weit klarer und wirksamer ein einziger satz.

Nur der dichterisch veranlagte wird durch das naturspiel erschüttert. wie kann man da vom kunstwerk verlangen dass es auf rohe geister wirken solle?

Dies kennzeichnet am tiefsten das meisterwerk dass es in uns eine lust entzündet etwas ungeheures hervorzubringen. aufgewühlt werden in uns schlummernde tiefen. wir erwachen aus dem leben des alltags wie aus einer öden vereisung der mächtigsten ströme unseres innern. mit erstaunen glauben wir neue kräfte zu entdecken und werden einer ungewohnten spannung gewahr. dies ringen und branden ist der kampf mit dem genius des künstlers — aber es ist ein berauschender kampf. die kunst heizt mit lebensdurst und grofsen selbstgefühlen und das ist die höchste wirkung die dichter und künstler wünschen dürfen.

Diese wirkung zu erzielen war und ist überall die wenn auch oft unbewusste absicht künstlerischen schaffens. was dem wechsel, der entwicklung unterliegt sind die mittel der gestaltung mit deren hilfe dieses erreicht wird. in jahrtausenden einer siegreicheren kultur einer mehr wachsenden befreiung von der übermacht der umhüllenden naturdinge um ihn her und seiner eigenen niederen notdürfte hat der mensch auf feinere reize antworten gelernt. nicht mehr greller gegensätze: des todesröchelns und triumphgeschreis bedarf das verfeinerte getriebe unserer fantasie. was seine saiten bewegt ist das spiel unendlich zarterer abschattungen des geschehens. wir erlauschen naturtöne die den Alten fremd waren. uns reden mienenspiele deren kaum merkliche linien ehedem verborgen bleiben mochten unter den zuckungen heftigerer reize. der mensch und vornehmlich der künstler ist geistiger und leidenschaftsloser geworden und dementsprechend haben sich auch die mittel zur erzielung des künstlerischen eindrucks zu ändern.

Was ist der künstler? der künstler ist vor allem liebhaber des lebens — des lebens und seiner reize. hierin gleicht er dem mann der that, dem feldherrn, dem helden: von dem unterscheidet er sich aber dadurch dass der schwerpunkt seines wirkens ins geistige, traumhafte verlegt ist. er empfindet sich statt in der überwältigung grob handgreiflicher widerstände im lebenbedeutenden spiel eingebildeter gestalten. vermöge gewaltiger vorstellungskraft gelingt es ihm erregt zu werden durch den gaukeltanz der dinge, die seine fantasie mit willkürlich erdichtetem inhalt belebte. in diesem bezirk erträumter sensationen ist er zugleich kämpfer triumfator und zuschauer. in der vorstellung bleibt das bewusstsein dass seine geschöpfe nur von ihm ihre seelen liehen, dass sie seinem zauberstab gehorchen und hinter der erregung steht leise aber vernehmlich lenkend der kaltherzig stilisierende verstand.

Wie wurde der künstler? wer schreibt uns seine entwicklungsgeschichte? wie konnte der naturtrieb so nach innen gewendet werden? ist das ein notausgang wie vielleicht alles geistige wie vielleicht der ganze gesellschaftliche mensch mit seinen erstaunlich unnatürlichen verrichtungen? hierüber werden wir wol nicht eher aufschluss bekommen bis es sich einmal begiebt dass ein groser dichter zugleich kraft und mut der selbstzergliederung besizt um schaffend noch sein schaffen zu beaufsichtigen und sich und der welt über die beweggründe und inneren zustände während des empfangens und hervorbringens seiner gebilde unverfälschte rechenschaft ablegt.

Was haben wir unter künstlerischer form zu verstehen? erstens auswahl im sinne eines einheitlichen eindrucks. einen solchen bietet uns die wirklichkeit streng genommen nie. bei völlig wacher aufmerksamkeit würden uns selbst in der einfachsten landschaft viele das gesammtbild durchkreuzende einzelheiten stören. der künstlerisch empfindende mensch hat in erhöhtem grade die fähigkeit diese zu übersehen. ein ton ein strahl in sein bewusstsein fallend genügen um unter der schwelle ein viel-deutiges spiel dunkler gefühlsverknüpfungen in ihm auszulösen, in welchem er taub und blind wird für die kunsttötenden beimischungen der umgebenden wirklichkeit. diese bereits im augenblick der empfängnis vollzogene unbewusste auswahl ist das wesentliche. im einzelnen wird sie hernach beim eigentlichen schaffen durch die sondernde thätigkeit des verstandes vervollständigt. — Zweitens gehört zur künstlerischen form gruppierung des stoffs (komposition). — Ob es sich dabei um ein hineintragen menschlicher linienverhältnisse in die aufsendinge handelt oder ob einfache mathematische beziehungen von mafs und zahl für das vergnügen der sinne entscheidend sind bleibe dahingestellt. im schaffenden entscheidet ein nicht erlernbares taktgefühl. drittens endlich gehört zur künstlerischen form eine bis ins kleinste fühlbare art und weise der verarbeitung des stoffs (stil). an dieser lezten schwierigsten aufgabe ist manches künstlers kraft gescheitert. zuweilen vermissen wir diese intimste sprache seiner seele. dann gleicht das werk einem verhüllten körper der den schönen umriss nur vermuten lässt und wir empfinden schmerzlich den siegreichen widerstand der masse an dem die menschliche kraft erlahmte. zuweilen redet sie zu aufdringlich und wir stehen nicht mehr vor dem innerlich gewordenen ereignis, sondern vor einem mit klugheit und absicht ersonnenen kunststück. wenn aber der stoff den zwang der geistesspuren trägt als ob das seine natur wäre dann ist's ein meisterwerk.

Wie verhält es sich nun mit den dem künstlerischen schaffen zu grunde gelegten neben-absichten? man darf wol annehmen dass dazu vorzüglich grofse dichter aulass gaben. nicht wenige von ihnen sehen wir wirklich mit einer mächtigen sittlichen leidenschaft ausgerüstet. manche entlehnen ihre stoffe mit vorliebe aus glaubensbekenntnissen und führen das gute zum siege, andere machen gesellschaftliche misstände zum gegenstande geifselnder oder erschütternder darstellungen. es ist auch kein zweifel dass viele der früheren ernsthaft aus begeisterung für die sache zu schaffen glaubten. damit aber legten sie ihre eigene natur falsch aus; denn der lezte antrieb künstlerischen schaffens ist ein rein persönlicher. vielleicht ist alle kunstthätigkeit gleichsam ein geistiger notausgang überschüssiger oder gewaltsam eingeschränkter lebenskräfte. sicherlich wenigstens verdankt eine grofse und glänzende gruppe von kunstwerken ihr dasein einzig jenem merkwürdigen vorgange durch den der mensch befähigt ist aus seinen peinen heimliche freuden und seltene fertigkeiten zu machen. die zergliederung desselben kann jeder an sich selbst vornehmen wenn er der umwandlung eines schuldbewufstseins in das gefühl der tragischen niederlage oder der läuterung eines schmerzes zur wehmut auflauert. diesem seltsam schöpferischen entlastungsbedürfnifs sehen wir die tragische und satirische dichtung entspringen. den zermalmenden zwang der verhältnisse aus spielender willkür schaffen — das ist die höchste des schicksals spottende steigerung des menschlichen machtgefühls — das ist im schaffenden der kunstgewinn schmerzlich empfundener unmacht. die dichterische satire ihrerseits ist nach aufsen gekehrtes missvergnügen des dichters über sich selbst. dies ist die wahre ursache der sittlichen leidenschaft mancher dichter. mögen sie sich selbst über den eigentlichen zweck ihres schaffens täuschen, es bleibt doch der nämliche: ein leben hervorzubringen das höhere wogen schlägt als das wirkliche und mit dessen notwendigkeiten eine menschliche willkür schaltet.

Zu den stärksten irrtümern der alten ästhetik gehört die meinung dass die kunst eine besondere art der erkenntnis sei. durch mächtige fürsprecher (z. b. Schopenhauer) gestüzt ist diese anschauung in wechselnden verkleidungen bis auf unsere tage gekommen und steht noch heute im ansehen einer gewissheit. ein blick auf das wesen der künstlerischen auffassungsart kann uns ihre unhaltbarkeit beweisen. für den eindruck welchen ein künstler von einem stück wirklichkeit davonträgt ist wie schon angeführt die thatsächliche beschaffenheit derselben keineswegs allein mafsgebend. der dem naturspiel absichtslos hingegebene mensch erfährt eine beeinflussung seiner empfindung welche unzertrennlich mit schwachen graden dunkler willensantriebe verknüpft ist: lust oder unlust, besitzen- oder meidenwollen. im künstler ist diese ‚stimmung‘ aufserordentlich heftig und doch zugleich von jeder beziehung zu eigentlichen nützlichkeitsrücksichten völlig losgetrennt. dadurch wird es ihm möglich auf den eindruck mit einer ausstrahlung zu antworten in der nun wille vorstellung und gedanke auf die merkwürdigste weise verflochten sind. demnach ist eine solche ausstrahlung keine offenbarung des viel beredeten wesens der welt sondern einfach die mitteilung der an ein geschehen geknüpften frohen oder unfrohen empfindungen des künstlers. nicht eine bereicherung unserer erkenntnis sondern eine erhöhung unserer freude am leben wird uns durch das kunstwerk zu teil.

Auch aus dem schwächling springt ein funke der kraft wenn furcht oder zorn in ihm entzündet ist. ebenso sprühen auf geistigem gebiete starke leidenschaften aus anlass der bekämpfung grober widerstände. dieser sich unter umständen als eines mittels zum zweck zu bedienen darf dem grofsen künstler nicht verweigert werden. aber wenn wir bedenken wieviel dichterisch unwertes die welt schon eroberte weil es mit dem feuer sitttlicher verwerfung vorgetragen wurde so ist es billig von vornherein misstrauisch zu sein gegen einen künstler der sich — zumal heute noch — mit vorliebe solcher stoffe bedient welche weil auch der sittlichen erregung zugänglich durch einen beigeschmack von erzieherischer absichtlichkeit verstimmen.

Alle kunst welche die ersten rohen anfangsversuche hinter hat ist in einem gewissen verstande sinnbildlich (symbolisch) sie giebt zeichen die empfindungswerte bedeuten. bislang nun glaubte der künstler aus der natur herauszulesen was er unbewusster weise in sie hineingetragen hatte. den alten war die welt geradezu erfüllt von menschenähnlichen wollenden wesen. den späteren blieb sie wenigstens menschenhaft beseelt. die heutigen sind sich dieses vorgangs mehr oder minder bewusst. sie haben begriffen dass der gegenstand tot ist wenn ihn nicht die persönlichkeit in belebende lichter taucht. insofern stehen wir an einer wende. die anzeichen sind nicht ausgeblieben. alle kunst von heute ist fühlbar persönlich — fühlbar mehr auf erzeugung einer hochgeistigen stimmung angelegt. dürfen wir einen vermutenden blick in die zukunft wagen? ist vielleicht die zeit des sinnbildlichen kunstwerkes nur ein übergang? sollte der mensch einst die zu seiner hervorbringung nötige einbildungskraft verloren haben? und was dann? dann bliebe das allerursprünglichste: die reine farben- formen- und linienfreude.

VOM SCHAFFENDEN

Kennen und können. der reiche verstand allein ist ungenügend zur hervorbringung des werkes. das ungemeine wissen und selbst verstehen ist im besten falle handhabe und hülfe des schaffenden. ohne die gestaltungskraft gleicht es einem schutthaufen.

Die begeisterung. die schöpferischen naturen kennzeichnet die tiefe liebe zum leben. aus ihr fliefst die begeisterung — das ist die kraft zur selbstaufopferung, zur auflösung in den gegenstand der bewunderung. glaube und anbetung sind in der seele des schaffenden.

Der leidet am tiefsten dessen liebe am gröfsten ist. bis in den grund muss er die menschliche ohnmacht erfahren und mancher erliegt dem leiden. der schaffende aber lässt seine enttäuschungen, lässt die grofse zerknirschung hinter sich. wissend ohnmächtig und dennoch entsagungsfähig wandelt er über den verwirrungen des lebens und schlägt ihr bild in die fesseln lächelnder schönheitsform. in blutender seele flammt ihm grundlose begeisterung — über der leere des abgrundes entfaltet sie das gewebe von schönheit und erhabenheit.

Solche liebe gleicht der herbstlichen sonne welche — kraftlos zu erwärmen — den rausch der farben auf sterbende wälder legt. mit kühlen strahlen greift sie über die welt. nichts ist ihr unwürdig und zu gering. sie ist jenseits vom wert der dinge und der meinung der menschen. sie durchlichtet die nacht des verneinens. sie kann die qualen nicht lösen die zum leben gehören, aber auch über qualen und trümmer giefst sie die klarheit ihres tages aus. in ihrem schimmer erblüht ein lächeln auf den lippen des sterbenden. sie vergoldet mienen die der schmerz verzerrte und flicht klagen und seufzer in den rytmus ihres lichtgesanges.

Der ehrgeiz. der schaffende kennt den neid nicht. sein selbstgefühl schwankt zwischen den beiden polen: gröfse und verzweiflung. das werk schwebt ihm vor als ein ungeheures, höchstes, das nur einmal, nur durch ihn entstehen kann. er nimmt sich als eine bestimmung, als eine neue offenbarung des unergründlichen. das ungemeine ist einzig und ohne gleichen. nur weil er dem werke es zum opfer bringt hat das leben ihm wert. das ist sein ehrgeiz: der um des werkes willen. in der verteidigung seines ruhmes ist etwas von der heldenhaften liebe der mutter zu ihrem kinde. ehe man ihm diese gröfse streitig macht ist er bereit die werte der menge umzukehren und in schroffer abgeschlossenheit auf der notwendigkeit seiner natur zu beharren. so mag er der anerkennung entbehren wenn auch vielleicht mit jenem zucken der lippe in welchem schmerz und überwindung streiten. — vermöchte ihn aber jemand in der weise seines schaffens zu übertreffen so wäre damit die flugkraft seines wollens zerschnitten. er würde als erster sein werk zertrümmern und das ihm würdelose leben enden.

Es ist ein gar weiter abstand zwischen dem ehrgeiz des schaffens und der thätigkeit aus ehrgeiz. dennoch hört man nicht auf die beiden zu verwechseln und ist verwundert dass der schaffende nur den hohn der tiefsten verachtung hat für den stachel der gefallsucht, unter dem er die wettbewerbe im leben des tages entbrennen sieht. nüchterne, welche nie den schauer der begeisterung empfanden können aus solchem antrieb das tüchtige leisten und sich die meinung der mehrzahl unterwerfen. darf man es manchem meister verargen, wenn er über dem werke die für welche er es schuf zu vergessen bemüht ist?

Die beschränkung. — ohne eine glückliche blindheit für die vielheit der ziele ist noch kein schaffender gewesen. fremd ist ihm die zitternde, hungrige reizbarkeit welche auf alles horchen und antwort geben muss. ihr zerplitternder und widerspruchsvoller reichtum erlaubt solchen allseitig empfänglichen naturen nicht die zusammenfassende hinwendung auf das Eine und verbietet den unterstrom von leidenschaft. bislang — so erscheint es — ist die hervorbringung des bedeutenden geknüpft an die dauernde eingenommenheit einer seele von dem gegenstande ihrer bestrebungen. mag die bewegung auf das universelle begreifen: mag sie auf das künstlerische schaffen, auf kriegerische grofsthaten oder auf sonst irgend ein gestalten gerichtet sein — wir können uns ihre das grofse schaffende kraft nicht losgetrennt denken von einer gleichsam selbstmörderischen energie des ihrem schaffen zugewendeten wollens. es gab noch keinen genius von dem man sagen darf: er hat das gewaltige geleistet, aber er hätte es auch unterlassen können. von einer vorstellung, einem streben ganz erfüllt und mit dem unerschütterlichen glauben an den beziehungslos hohen wert des erstrebten wandelt der schaffende seinen weg. den menschen des zögerns und zweifelns, der sich gern für den filosofen hält, mag dieses schauspiel immerhin mit grauen und bewunderung erfüllen.

Das handwerkliche. in welcher thätigkeit immer ein schaffender sich entfaltet: sie hat ihre handwerkliche seite. gewisse, im grunde schöpferische naturen von allzu hastiger begeisterung sind stets geneigt diese zu missachten. ihr sinn zwischen allen gipfeln heimisch, aber ohne die zähe geduld der echten bildnerlust schwelgt in den grofsartigsten entwürfen und kümmert sich wenig um die schwierigkeit der mittel. deshalb müssen sie an der ausführung scheitern. so bleiben sie auf einer vorstufe stehen: als die erfasser und verehrer alles grofsen, als die menschen der tiefen einsicht und der wesentlichen worte, welche wol die richtung weisen, aber nicht das führende werk gegestalten können. — umgekehrt verliert dieser oder jener über der beschäftigung mit den mitteln den zweck aus dem auge. das rein formale, um das er sich anfänglich in hinsicht auf die verwirklichung des erregenden inhalts bewarb, gewinnt ihm an selbständigkeit und achtbarkeit in dem mafse als er sich der meisterschaft darin nähert. das leidenschaftliche innere welches er darzustellen rang zergeht ihm zulezt völlig in der freude am spiel mit dem äufseren. dies entspringt aus einer gewissen trägheit des geistes und aus der macht des unmittelbar sinnlichen. den meister unterscheidet es dass er die glut ewiger jugend aus aller peinlichkeit handwerklichen bemühens unvermindert davonträgt.

Zweifel. es giebt eine neugierde die unersättlich ist und ein wissen welches tötet. wir von heute leiden an diesem wissen, an dieser neugierde. mit staunen beinah stehen wir vor jenen erhabenen lügen gläubiger jahrtausende aus denen alle gröfsten werke der bisherigen menschheit geflossen sind. schwere zweifel beunruhigen uns:

Wird mit dem glauben nicht auch die begeisterung schwinden? kennen wir noch höchste werte denen wir unsere gegenwart opfern dürften? ist dem wissenden selbst im schaffen nicht ein rest vorzeitlicher wildheit und gläubigen ernstes? was konnte uns nötigen das unerklärliche mit ehrfurcht gebietenden wundern zu erfüllen? welche andere kraft hat uns die dinge bedeutungsvoll gemacht und mit seele erfüllt, wenn nicht die ausschweifenden einbildungen aus der kindlichkeit des geistes? wäre vielleicht doch unsere kunst die traurige glut einer abenddämmerung über einem menschheitstage welcher untergeht? ist der verstand die feindliche gewalt und fähig, die glut des wollens zu löschen? werden alle leidenschaften schliefslich untergehen in einem fanatismus des erkennens und dieser selbst noch in teilnameloser allwissenheit? — nur eines ist sicher: wir stehen in der entwickelung des geistes an dem punkte einer unerhörten selbstbeschränkung des menschlichen machtgefühls. wir lernten es noch nicht unseren grofsen und schönen empfindungen das zutrauen an ihrem erkenntniswert abzuziehen. wir sehen nur die zerstörung und begreifen nicht dass ein neues glücksgefühl aus ihr erblühen wird. aus einer gleichsam ursprünglichen zuversicht ahnen wir dass nur uns das verständnis dafür mangelt, welcher art die schaffende freude sein wird in der uns zu engen welt der späteren menschheit.

LEOPOLD ANDRIAN

VERSE VON 1894

EINE LOCKE

Sie hat die müde süfse farbe
Vom gold das seinen glanz verloren,
Das in dem milden grau der asche
Zu neuem leben ward geboren.

Die farbe die so wunderbar
Im aug die andern sinne bindet
Weil es die weiche und den duft
Im abgeblassten schimmer findet.

Mir ist als ob ihr ganzer körperloser reiz
Aus dieser locke mir entgegenlachte
Und dann — die unbegrenzte traurigkeit
Der nächte die ich einsam keusch durchwachte.

SONNETT

Ich bin ein königskind, in meinen seidnen haaren
Weht duft vom chrysam das ich nie empfangen,
Es halten meine bösen diener mich gefangen
Und auch mein reiz wich müd den langen jahren.

Nicht er allein · ich habe ihre macht erfahren.
Im leben das sie mich zu leben zwangen
Ist alle meine hoheit hingegangen
Ich ward so niedrig wie sie niedrig waren.

Sie haben mir den purpur abgenommen.
Starr blickt mein aug nach totem glück ins ferne.
Wo sind mir meine goldnen locken hingekommen?

Ich kann nicht schlafen · quälend sind die sterne.
Oft nahen tückisch mir im schlaf die wächter —
Ich kann nicht schlafen und ich schliefe gerne!

RICHARD PERLS

VOM NEUEN BUNDE

I

Ich will in sehnsucht mir gefährten werben
Welche wissen von entschwundnen leiden.
Längst vergessner schmerzen heitre erben
Werden sich in freudenhüllen kleiden.

Traurig schauen in die dunklen augen
Männer frauen von dem neuen bunde
Und die blicke welche schmerzen saugen
Küssen auf mit lust die alte wunde.

Schwarze rosen duften in den vasen
Trübe augen werden licht beim scheiden
Und auf einem immergrünen rasen
Klagen wir um die entschwundnen leiden.

II

Ich bette dich in traumestiefe ruh.
Trägst du noch gram nach schnell vergilbtem ruhme?
Ich liebe dich und neige mich dir zu
Es bleibt das wissen um die blaue blume.

Bist du madonna oder bist du fee?
Du kommst gehüllt in weifsen lichtes falten.
Ich sterbe gern, es schmilzt das harte weh.
Du magst nun frei mit meiner seele schalten.

Von hellen sternen scheinst du hergerauscht
Ich höre lichtes freie fluten rauschen,
Und wie ich einst der seelen klang gelauscht,
So will ich deinem sphärenklange lauschen.

Ich bette dich in traumestiefe ruh.
Geh ein mein freund zum alten heiligtume,
Dort flüstert und dort raunet man dir zu
Ein neues wissen um die blaue blume.

IN VILLA BLANCA

I

Ich will die stillen stunden nicht entbehren
Die träume fliehen wie gepeitscht vom winde.
Ich soll die brüder lieder singen lehren
Und reigen tanzen unter fahler linde.

Die seele weint in ängstlichen gefühlen.
Ich kann die worte nicht zu klängen finden.
Kann die gedanken nicht zu kränzen winden
Um roter wunde heifsen brand zu kühlen.

Ich fliehe licht und schliefse meine lider.
Ich sehne lippen und begehre wonne.
Mit kühlem gift durchdringet müde glieder
Ein traum gewebt aus traurigkeit und sonne.

Ich jauchze auf in tönendem frohlocken.
Das heilge steht zu freiem eingang offen —
Die königin hat mich ins herz getroffen
Ich höre harfenton und kirchenglocken.

II

VOR EINEM FRAUENBILDNIS DES DONATELLO

Ich fand dich unter hohem baldachine
Ich fragte dich mit der erwartung auge
Und las die antwort in der leidensmiene.
Als ob mein sehnen deinem blick nicht tauge.

Ich sprach vom lichte und ich sprach von auen,
Vom stillen duft im nie betretnen thale,
Vom heilgen glanze der entspringt dem blauen
Dem lichten ewgen unentweihten Grale.

Was willst du thörin länger mit mir streiten?
Du sollst das schloss mit seinen zinnen schaun.
Komm in den garten heller kostbarkeiten,
Tritt in den reigen der geweihten fraun.

Und wenn im stummen spiel das abendrot
Zum lezten mal dein auge lenkt zur sonne
Wird offenbar was nie sich dir erbot:
Der welten ziel und des erlösers wonne.

III

SEHNEN DES SÜDENS

Lachend vergafs ich der weisheit schätze,
Leiden und träume erfüllen den sinn.
Wob um die welt einst demantene netze,
Träume zu seligen ufern jezt hin.

Schaue in blüten ein ewiges walten,
Folge dem gott auf verbotener spur.
Wenn dann die wogen gelinde erkalten
Zieht mich mein schwan auf der wogenden flur.

Heilige frauen auf heiliger reise,
Traurige lieder traurig und hehr!
Neige mein haupt und lache ich leise.
Wie lacht es sich leise am dunkelnden meer!

BLUMEN VOM TODE

I.

Wie die seelen ineinander glühen
Wenn die töne deiner hand entrauschen!
Wie die bunten blumen still erblühen
Wenn wir leise dunkle worte tauschen!

Nimm den dingen ihre kostbarkeiten!
Flicht die welten zum verwegnen kranz
Und beim spiele dunkler traurigkeiten
Locke seelen zu dem lezten tanz!

Neige dann in reinheit dich mir nieder
Raune das geheimnis leis mir zu
Und ich küsse deine müden lider
Berge dich in traumestiefer ruh.

II

Ich kann nicht lieben, ich kann nur sehnen.
Denn ich bin krank und bin auch so müde
Ich kann nur traurig am fenster noch lehnen
Zu schaun wann der traum mich zur hochzeit wol lüde.

Gebt mir den erben nah meiner seele!
Er wird mich bannen soll mich verstehn.
Gebt mir die Jungfrau rein ohne fehle
Dass ich beseligt zum schlummer kann gehn!

Auf einer wiese wo blüten entspriefsen
Gönnt mir ein frohes ein schmerzloses glück.
Darf ich des heilandes blick noch geniefsen
Ruft mich die jungfrau zum schlummer zurück.

MAX DAUTHENDEY

Aus STIMMEN DES SCHWEIGENS

ABEND

Schwarze moose
Erdgeruch in lauen flocken,
Schmale dünne Silberblüten
Und gesang von bleichen glocken.

Welke feuer löschen leise,
Nur ein atmen warmer flut.
Blühend schmelzen rote meere,
Dunkle sonnen saugen blut.

AMSELSANG

Fliehende kühle von jungen syringen.
Dämmernde grotten cyanenblau.
Wasser in klingenden bogen
Wogen —
Auf fosfornen schwingen
Sehnende wogen.

Purpurne inseln in schlummernden fernen.
Silberne äste auf mondgrüner au.
Goldne lianen auf zu den sternen.
Von zitternden welten,
Sinkt feuerthau.

OSCAR SCHMITZ

I

Warum sind deine küsse kalt und selten?
Dein leib der mich wie flammenmeer umwandt
Fleht in der nische um geträumte welten
Und perlen reiht die liebesmüde hand.

Die freudenhallen stehn verwaist und leer
Die reigen fliehn die sich durch säulen schlangen
Und düfte die uns schläfernd leis umfangen,
Denn aus dem becken dampft kein amber mehr.

Die ampel losch, die rosen sind verweht,
Leer ist der pfühl da deine Locken ruhten.
In neuen schauern will dein leib verbluten,
Der zu dem nackten blassen heiland fleht.

II

Die thränen lass in meine flechten fliefsen,
Der müden seele süfsen zauberkreis
Im garten der erinnrung duften heifs
Die blumen die verrauschter lust entspriefsen:

Auf wirren sträuchen, hüllen schwarzer schächte,
Brennt scharlachrot die blume akeley.
In lilienbeeten stirbt ein ferner mai,
Doch heliotropen glühn durch unsere nächte.

SONNETE

II.

III 4

Wo ruht das gold, mein gott, in welchen schächten,
Das wie ein diadem ihr haupt geschmückt,
Zu welchem stern hast du den glanz entrückt
Der lagerte auf diesen blonden flechten

Wo strahlt der augen glut, in rausch verzückt,
Einsame leuchten mir in süfsen nächten,
Wo sind die genien die du beglückt
Dass sie zu ihrem heim die seele brächten?

Ist denn des goldes glanz in nichts zerronnen
Und müssen wilde flammen stumm verglimmen?
Kein seraph hat an ihrem bett geweilt.

Doch sah ich abends in dem licht der sonnen
Ein wölkchen einsam leise aufwärts schwimmen
Wie eine seele die zur ruhe eilt.

CHRYSANTHEMUM

IV 1-2

Königin der chrysantheme,
Trittst du nur in meinen traum
Oder grünt des lebens baum
Dass ich goldne früchte nehme?

Bis mein schritt sich dir bequeme
(Ungewohnt in lichtem raum)
Gieb mir deines kleides saum
Königin der chrysantheme!

An der wolkenstrafse rand
Spriefsen kleine weifse blüten.
War's ein traum der sie erfand?

Komm wir wollen sie behüten,
Gieb mir deine weifse hand
Königin der kleinen blüten!

DIE WEISE

Eine weise macht mich bang.
Mahnend, wie von fremder erde.
(Küsse dass ich trunken werde
Schläfre mich mit süfsem klang!)

Schuf ein sinnen mir beschwerde?
War's ein vogel der sie sang
Die durch rosenhage drang.
Schwül wie duft der weihrauchherde?

Kennst du sie die alte weise
Die den trunkenen rausch verbannt?
Ach sie mahnet früh und leise

An die nacht da ich sie fand
Einem augenpaar zum preise.
Einer locke, einer hand.

ERNST HARDT

TÖNE DER NACHT

II

Die nacht spannt eine goldne harfe
Verschwiegen durch das thal der welt.
All ihre zarten saiten schwingen
Wenn eine thräne niederfällt.

Wer einsam geht und schon um vieles
Erfahren hat den sucht und wirbt
Der harfenklang der weihelosen
Im druck des dunkels klanglos stirbt.

Es klagen erdenfremde leiden
Mit schweren tropfen in der nacht.
Nachts weinen heimlich bleiche männer,
Da stolz am tag sie lächeln macht.

Es deckt die nacht mit ihrem fürstenmantel
Die goldne harfe morgens zu.

KARL GUSTAV VOLLMOELLER

ALS EIN PROLOG

IV 1-2

Verlorne kinder aus dem sonnenland
So irren wir schon immer durch die zeiten
Die rückkehr suchend welche keiner fand.

Und schreiten grofsen äuges in die weiten
Und sind doch tausendfältig erdgebunden
Durch aller derer müde traurigkeiten

Die einst vor uns gesucht und nicht gefunden.
Und müde sehn wir unser sonnenblut
Verströmen aus jahrtausendalten wunden —

Jahrtausendalt verloht die heilige glut.
Vielleicht dass einer der in sternenklaren
Hochsommernächten lasser sinne ruht

Die goldne stadt im traume mag gewahren
Wie sonst die kühnen adlerjäger nur
Die auf den zinnen jener berge waren

Vermessen folgend eines wildes spur —
Die goldne stadt wo hundert tempel ragen
Der schönheit aufgebaut in goldner flur

Die goldne stadt nach der wir spähn und fragen
In die kein zutritt ist durch kraft noch list .
Die stadt von der es heifst in alten sagen

Dass einmal nur nach tausendjährger frist
Als könig einzieht ein verlornes kind —
Und deren mauer rings von golde ist

Und deren thore all von golde sind .

ODYSSEUS

Beim gelben unstäten schein von flammenden kienen
Safsen sie schweigend neigend das haupt in der königshalle
Es safs da Helena die schöner als alle
Frauen die immer die sonne beschienen .
Es safsen Menelaos der jüngling Antilochos
Telemachos endlich .

Da nun die gäste den palast verliefsen
Die sklaven abgeräumt das abendmahl
Die dämmerung sich weitete im saal
Der lezte tritt verklungen auf den fliesen
Und nun der laute tag zur ruhe kam:

Da erneute sein düsteres flüstern der nagende gram .

Und anfangs hatten sie es wol versucht
Im zwiegespräch das weh hinabzuzwingen
Und hastig redend von gewohnten dingen:
Vom stand der herden von der felder frucht —

Jezt sprach des schweigens stimme unter ihnen
Und während sie sich mühten ruhig zu scheinen
Mit festen augen und beherschten mienen
Stand all ihr denken doch nur bei dem einen:
Odysseus dem der heimkehrtag verflucht.

Der nun wohl fern im schreckenvollen land
Dahin sich schleppte matt durch heifse wüste
Vielleicht an unwirtlicher meeresküste
Schon lag vermodernd in dem fahlen sand
Den geiern und den füchsen frafs und mahl:

Da durchbrach ein sehnen nach thränen die schweigende qual.

Und das weinen klang in der hohen halle —
Es weinte Helena die schöner als alle
Frauen die schauen den ewigen strahl.
Es weinte laut der starke held Menelaos
Telemachos weinte.

Und nicht blieb thränenlos Antilochos, er dachte
Trauernd bei sich an den treuen bruder
Den ihm beim kampfe auf des Skamandros feld erschlagen
Der strahlenden Eos sohn.

PARCIVAL

Nachdem der held im ersten morgengrauen
Das ross gelenkt vom heiligen schloss des Gral
Und durch den finstern wald hinab ins thal
Gedankenschwer und ohne aufzuschauen
Kam er zu einem see blank wie geschliffner stahl.

Rings blühten wilde gärten heifs und lüstern
Umdufteten ihn grofse orchideen
Und hier zuerst zwang ihn sich umzusehen
Der blonden frau geheimnisvolles flüstern —
Er sah das schloss im morgensonnengolde stehen:

Die goldne sonnenburg von Munsalvesche

Und da geschah es dass ein fremdes schauern
Sein auge bannte an die roten mauern
Er hielt gestüzt auf seiner lanze esche

Und starrte stumpfen blicks in dumpfem trauern
Und dunkel ahnend den verscherzten thron
Zur goldnen sonnenburg von Munsalvesche:

Erst als die nacht hereinbrach ritt er irr davon.

AUGUST OEHLER

DIE FESTE DER EPHEBEN

IV 1-2

Τῆς δ'ἀρετῆς ἱδρωτα θεοὶ προπαροιθεν ἔθηκαν ἀθανατοι.
Ἡσιοδος. Ἔργα και ἡμεραι.

Die bergeslehne ist ihr lieblingsplatz
Da sind sie an den abenden zu finden,
Wenn alle dinge sich im schatten neigen
Und sie nichts mehr verwirrt · sie sind zufrieden
Die hellen regentropfen zu verfolgen
Die von den schwanken büschen leis im wind
Geschüttelt sinken auf das weiche moos.
Die luft ist süfs die nacht ist nicht mehr ferne.

Dies ist ihr lohn · denn was das leben bietet
Das wussten sie und wählten ihren teil.
Ihr eignes los gedachten sie zu füllen.
Auf wundersame weise zu erreichen
Dass nirgends mangel, nirgends überfluss
In ihrem haus das sie allein bewohnen
Und doch mit andern teilen die sie lieben.
So ist der gleichgesinnte kreis beglückt.

Dir ward ein mühsam steiler pfad zu klimmen.
Erst spät erkannten wir den hohen wert
Von deinem starken unerschrocknen schaften.
Doch wie die frühren tage ohne ruhe
Ein stetes hoffen stetes bitten waren
So grüfst dich jezt das leben eines meisters.
So wollen wir und so wirds dir beschieden:
Dein kleid sei weifs vor allen andern kleidern
Und deine locken zwing ein goldner reif.
Die mädchen und die knaben sollen grüfsen
Wenn du herabsteigst deines hauses stufen.
Und darum soll dir alle ehre werden
Dass andre, dieses zieles sich erinnernd,
Ergeben täglich ihre scholle pflügen.

Er kam aus einem dunklen fernen land.
Das kannte keine tempel, keine feste.
Nicht mühe und nicht lohn · da sah er einst
Aus einem haine opferdünste steigen,
Da trat er näher · sonne fiel auf ihn
Und auf die reine schar die er erblickte.
Der eine augenblick ward ihm durch jahre
Allein der trost in seinen grofsen leiden
Die lange währten · aber er ertrug.
Doch endlich löste sich sein stummer mund
Und seine thränen, seine dankgebete
Erzählten uns dass er der sohn der wüste
In unsern garten eingetreten sei.

Vom morgen bis zum mittag sind wir täglich
Bemüht: wir sinnen und wir lesen.
Doch grübelt nicht zu tief und denkt der götter
Sie lieben uns und unser ganzes thun.
Stets scheint die sonne friedlich in die halle
Und steht nicht auch zum allgemeinen vorbild
Der marmorkopf des weisen in der mitte?
Drum hoffen wir auf jenen freudentag
Wo wir zu unsern jungen brüdern sagen:
Das haupt war lang mir über jedes blatt geneigt
Ein krieg und ringen auch beinahe jede nacht:
Nun bin ich sieger · und ich bin nicht müd.

Seht die bewaffnete schar! sie schreiten schwerter in händen
Laut durch die dämmernde luft ziehet ihr festliches lied.
Ernstes gelübde erfüllt den sinn der blühenden männer
Kämpfer wollen sie sein weihe o könig ihr schwert.
Anfangs wandelten sie nur manchmal zum einsamen tempel
Doch sie verachteten stets finsternis wüsten und staub.
Zittert! mächtiger klingt empor zu den lauschenden wipfeln
Ihrer weihe gesang! heute schon zieht sich der kreis.

Kommt alle mit · ich will euch einen tempel zeigen.
Besteigt das boot · die strömung soll uns leise tragen.
Der fluss wird enge, zweige streifen unser antlitz
Und blüten fallen ohne unterlass ins boot.
Jezt kommen wir zum see, der grenze des bezirks —
Lasst uns am ufer gehn · da sind die schlanken schwäne
Sie gleiten schnell und stolz im heiligen gewässer
Sie freuen sich mit uns des teuren augenblicks
Wo wir die sonne sehn die langsam niederschwebt.
Ich grüfse euch mit rührung grüne sanfte züge,
Ich beuge meinen scheitel voller scheu und ehrfurcht
Vor diesem abendwind · doch sind wir alle würdig
Emporzusteigen diese breite bahn zum tempel
Und an der lezten stufe betend hinzuknien.
Die weifsen säulen schimmern durch das abenddunkel.
Nehmt jeder eine blume von den rosensträuchen.

Wir beide gleichen sinnes müssen uns doch trennen.
Jezt fühl ichs wo der kranz auf meinen locken liegt.
Wir beide weihten wol uns heut dem gott des schweigens
Doch andres suchen wir auf unsern gleichen wegen.
Du träumst von stiller feier von den süfsen stunden
Wo du dir selbst die lorbeerkränze winden kannst
Weil du allein dein herr und meister bist, allein,
Dir eine welt verbieten und erlauben magst.
Ich aber will statt säulen dunkle stämme suchen
Und dunkle nacht statt mittag · stille such ich

Gleich dir · doch nicht genügt dem frieden meiner seele
Ein dicht umbuschtes haus auf noch so hohem gipfel.
Mein Gott sizt ernst und hoch, die arme weit gebreitet
Inmitten dunkler landschaft dunkler weiter wogen
Im schatten und verhüllt knie ich zu seinen füfsen.

Unter den zweigen der ulme, in deren rinde wir namen
Teure und heilige uns, schnitten, da ward sie geweiht —
Sind wir auch heute gestanden den roten himmel betrachtend,
Atmend die heilige luft und zu verstehen bemüht
Was unsre tage erfüllt und unsre scheitel umwunden
Wie mit blumen und grün, lieblichem schattigem grün.
Denn wir waren vereinigt, wir könnens jubelnd nun sagen,
Von dem niedrigsten dienst bis zu dem krönenden fest.

Wenn er die worte aller seiner freunde
Vernommen hätte und danach gethan
So wär er jezt der erste unsrer schar.
Des vaters segenswunsch der ihn entsandte,
Ward nicht erfüllt · und wie war dein gelübde
Vor unserm greisen führer — weihrauch streutest
Mit vollen händen du, nun sind es jahre —
Und nanntest dich ein kind der einsamkeit?
Was du gelobtest hast du nicht gefasst
Und niedrige gefährten bald gesucht..
Nun nennt man nirgends seinen namen, denn
Er ist kein held, kein redner, seine haare

Sind wild und ohne kranz · er irrt umher.
Die öde ist sein aufenthalt. sein himmel
Hat keine götter mehr · er ist nicht unser.

Hier ist der platz · hier stehen die drei buchen.
Sie werden morgen unsern dienern sagen
Sie sollen hier den kleinen altar baun.
Ich darf mir selbst die linnen und geräte
Das goldne band und das geweihte tier
Von allen schätzen unsres hauses nehmen.
Und wenn sich dann im wind die tücher bauschen
Und alles günstig, treten wir hervor.
Voran die schwester mit den blumenkörben.

Die scheibe wächst · der mond wird bald sich füllen.

Jezt will ich rasch noch hinter diesen vorhang treten.
Die priester warten schon, jezt drängt sich auch das volk.
Ist's möglich — nur das eine, Götter, möcht ich wissen —
Dass dieser eine tag der schnell vorübergeht
Den bunten reigen aller anderen behersche.
Werd ich bei eurem dienste und bei meinem forschen
Stets denken: damals wurdest du der brüder einer.
In heifsen bitten hattest du die nacht gewacht.
Die freunde und die eltern waren voller jubel
Doch du..
   Ein schritt.
       Man stört mich schon · es ist zu spät.
Drei schmale stufen trennen mich noch vom altare
Nun, selige beschützer, sendet schnelle gnade.

Zu meinen füsen rollt das meer dahin.
Ich steh am gitter, da die schatten sinken
Und lasse mir erzählen von dem land
Das drüben liegt · da herscht die heitere welt.
Da drüben wohnt die freude und das leben
Scheint nur ein tag · die götter blicken milde.
Das land ist grün und blühend. ihre kunst
Und ihre feste sind so weich und strahlend.
Und doch vielleicht steht eben jezt ein jüngling
Mir gegenüber stumm an jener küste
Und blickt nach unserm land, nach unsern mauern.
Der friede und die nacht bewegen ihn,
Verworren dringt das klingende gelage
Noch an sein ohr · er aber will nicht hin
Selbst kränze und gesänge locken nicht:
Er träumt vom grofsen schatz den ich besitze.

Er ruht · der mutter und Euterpen ziemt zu weinen.
Ihr alle andern sollt mit andacht ihn betrachten.
Ihr wisst ja selbst dass er noch jüngst von dunkler sehnsucht
Die unbezwingbar sei und ihn erfülle sprach.
Dass er was ihn erfreut jezt nur mehr überragte
Und kurz vor seinem ende noch gewohntes mied.
Deshalb wards ihm bestimmt · drum ist nicht unerklärlich
Warum er lässig sich den wellen überliefs:
Es lockte ihn das blaue und das weiche, tiefe.
Denkt seiner nicht in trauer wenn der tag sich jährt
Er nahm mit sich was er besafs. uns allen andern
Lässt er ein süfs gedenken schöner zeit zurück.

INHALT

VORWORT 5
AUS DEM GESAMMTINHALT DER BLÄTTER F. D. KUNST 7

EINLEITUNGEN UND MERKSPRÜCHE

I.-IV. FOLGE 10

STEFAN GEORGE

AUS LEGENDEN 28
AUS HYMNEN PILGERFAHRTEN ALGABAL 33
AUS SAGEN UND SÄNGE 41
AUS HIRTENGEDICHTE 44
AUS DAS JAHR DER SEELE 46
AUS EINEM NEUEN BUCH 52
UMSCHREIBUNGEN AUS MANUEL 56
LOBREDE AUF JEAN PAUL 61
BRIEFE DES KAISERS ALEXIS 65
AUS TAGE UND THATEN 66

HUGO VON HOFMANNSTHAL

VORFRÜHLING 68
EIN TRAUM VON GROSSER MAGIE 70
BALLADE DES ÄUSSEREN LEBENS 72
TERZINEN ÜBER VERGÄNGLICHKEIT 73
MANCHE FREILICH 74
BOTSCHAFT 76
DER TOD DES TIZIAN 78
BILDLICHER AUSDRUCK 91
DICHTER UND LEBEN 92

PAUL GERARDY

LIEDER	94
AUS ALLEN DENEN VON DER RUNDE	95
ERWACHEN	96
DIE JUNGFRAUEN	97
DIE TÄNZE	100
HEIMKEHR UND FAHRT	104
WIE EIN EDLER SÄNGER SANG	106
GEISTIGE KUNST	111

KARL WOLFSKEHL

AUS ULAIS	115
DER PRIESTER VOM GEISTE	125
BETRACHTUNGEN	126
ÜBER DIE DUNKELHEIT	127

LUDWIG KLAGES

VORFRÜHLING	131
ÜBER DIE WEITEN WIESEN	132
WANDLUNGEN	133
SALAMBO	134
AUS EINER SEELENLEHRE DES KÜNSTLERS	136
VOM SCHAFFENDEN	143

LEOPOLD ANDRIAN

VERSE VON 1894	148

RICHARD PERLS

VON NEUEM BUNDE	150
IN VILLA BLANCA	151
BLUMEN VOM TODE	155

MAX DAUTHENDEY

AUS STIMMEN DES SCHWEIGENS	157

OSKAR SCHMITZ
SONNETTE 158

ERNST HARDT
TÖNE DER NACHT 161

KARL GUSTAV VOLLMOELLER
ALS EIN PROLOG 162
ODYSSEUS 163
PARCIVAL 165

AUGUST OEHLER
DIE FESTE DER EFEBEN 166

GEDRUCKT BEI R. BOLL, BERLIN NW.